W0415500

Publié en octobre 2021 par :

Atramenta
Tampere, FINLANDE

www.atramenta.net

ISBN : 978-952-390-011-0

© 2021 Mélissa Lansmant
Tous droits réservés

Mélissa Lansmant

CONSTRUIS-MOI UNE ÉCOLE

Récit autobiographique

Atramenta

À Tummy

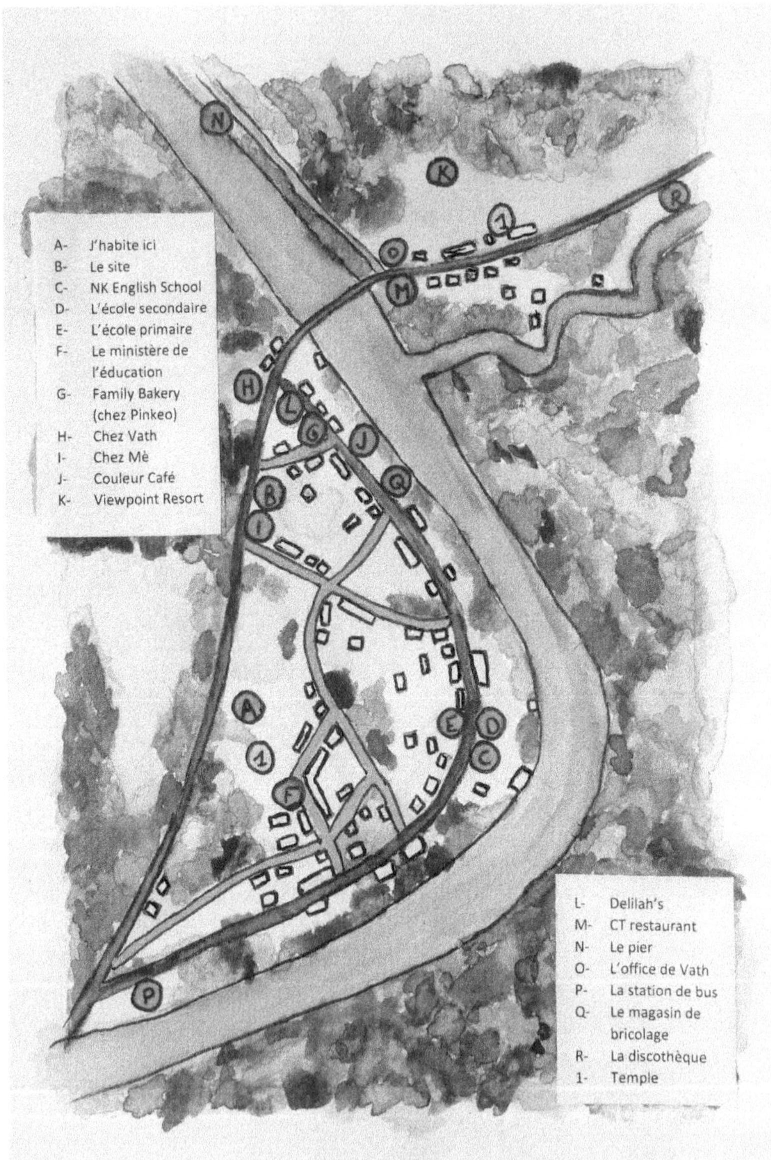

Map de Nong Khiaw et de Sophoun, par M. L.

I
Les prémices

« Va, respire et ouvre ton cœur aussi grand qu'est ce monde. »

Me revoici, sur les routes, seule face au monde, accompagnée de mon fidèle sac à dos. Cette fois-ci, je n'ai pris qu'un aller simple pour Bali, j'ai prévu d'y rester un mois.

Pourquoi Bali ? Lors de mon premier voyage en tant que « backpackeuse », en Australie, une amie m'a fait regarder le film *Eat, Pray, Love*. Une partie de l'histoire se déroule à Ubud, où le personnage féminin rencontre le guérisseur Ketut Liyer qui la guide dans sa quête du bonheur et de la paix intérieure. Je m'en souviens comme si c'était hier. Nous étions couchées à l'arrière de notre 4x4 au sud-ouest de l'île, garé sur le port d'Espérance.

C'est pour cela que je voyage. Pour construire ma vie et lui donner un sens que je ne trouve pas là d'où je viens.

Je ne sais pas combien de temps je resterai à Bali, j'ai dans l'idée de m'envoler pour la Nouvelle-Zélande et faire un « Working Holiday Visa »[1] d'un an. J'ai déjà acheté mon visa en ligne. J'ai eu un coup de cœur pour ce pays l'année dernière.

---

1 Visa vacances-travail.

7 octobre 2018

Indonésie, Bali – Ubud

Je sors de la chambre et avance jusqu'à la rambarde de la terrasse. J'observe une femme qui prie. Elle est assise sur les marches d'un petit temple situé au milieu de la cour de l'hôtel. La lumière du soleil commence à se répandre. Elle se met des fleurs dans les cheveux. Elles sont magnifiques, blanches et jaunes. Elle prend aussi quelques grains de riz qu'elle dispose au milieu de son front.

Je sens une main sur mon épaule, je me retourne, surprise. C'est une jeune femme. Elle me sourit et me tend la carte du petit-déjeuner. J'en profite également pour la questionner. Elle m'explique que les hindous utilisent la fleur de frangipanier et le riz pour prier. Ils font partie de l'offrande.

L'heure tourne, j'ai soif de découvertes, je fonce. Je me laisse m'égarer dans les petites ruelles regorgeant de fleurs colorées et de statuettes divines. Je tourne à gauche, à droite, puis à gauche, puis à droite. C'est splendide. J'arpente les lieux d'un pas déterminé, sans itinéraire ni destination finale. Je trouve agréable de ne rien prévoir et de me laisser surprendre par les événements, de fermer les yeux et de me laisser guider par mon intuition… de les rouvrir et de me retrouver à l'arrière du scooter d'un inconnu à l'autre bout du monde. Simplement laisser libre cours à l'inconscient qui prend le dessus sur la raison, c'est si bon. Je laisse cet étranger me guider dans les profondeurs d'Ubud, à la rencontre des joyaux que cache cette terre inconnue. Posant mes yeux au milieu des rizières, dans la forêt des singes, ainsi qu'à travers les temples.

De retour en ville. Je m'arrête dans un « boui-boui » pour dîner. Il n'y a que quelques tables et un menu très simple et local. Les propriétaires sont accueillants. C'est tout juste ce qu'il me fallait.

Seule une table est occupée. Deux garçons y sont installés. Nous échangeons un sourire. L'un d'entre eux me propose de les rejoindre. Première rencontre inattendue du voyage.

Miao vient de Shanghai en Chine. Il est sur la fin de son voyage, il lui reste seulement deux semaines.

Tiens, un Chinois qui voyage seul.

Simon, lui, est de Hanovre, en Allemagne. Il voyage déjà depuis un mois. Il s'est fixé un an pour faire le tour de l'Asie.

Demain, ils s'en iront tous les deux vers le nord. Ils me proposent de les accompagner. Pourquoi pas ? Bon feeling. En plus, je n'ai rien prévu pour la suite.

Entre autres visites, le temple *Tirta Empul* m'a particulièrement marquée. Les locaux viennent purifier leur corps et leur esprit dans de l'eau sacrée provenant d'une nappe phréatique : Holy Spring Water.

11 octobre 2018
Jungutan

On prend le temps d'ingurgiter quelques pancakes avant de partir en scooter à la découverte des spots incontournables que Simon nous a dénichés sur le web. On a également prévu de s'arrêter dans une école au hasard pour y distribuer des stylos. Une entreprise pour laquelle je travaillais avant mon départ m'en avait fait don d'une centaine afin que je puisse les distribuer durant mon voyage.

Allez, en route, mauvaise troupe ! Je conduis. Simon est assis derrière moi, il fait GPS. Miao nous suit. Quelle sensation ! J'ai l'impression de les connaître tous les deux depuis si longtemps. Une complicité s'est installée si naturellement entre nous.

Nous bifurquons hors du sentier et entamons une pente raide au beau milieu de la forêt. Les fines roues du scooter dérapent à cause des cailloux et des racines. Au sommet, on aperçoit le mont Agung. La vue est bien dégagée, je me sens libre, puissante et humble à la fois.

Évidemment, après toute montée, il y a une descente...

On sort de la forêt, enfin, pour entrer dans le petit village de Jungutan. Pas un touriste. Il y a beaucoup d'enfants dans les rues qui tendent le bras pour nous « checker » la main. On prend autant de plaisir qu'eux. Une dizaine de petites mains. Par hasard, on tombe sur une école. Pourquoi ne pas y déposer les stylos ? Nous garons les scooters sur le bas-côté et nous entrons dans la cour, la récréation vient de se terminer. Un professeur nous accueille. Il s'appelle Wayan. On lui explique les raisons de notre venue. Son visage s'illumine. Il nous fait signe de venir avec lui, on entre dans une salle de classe qui comprend une quinzaine d'élèves, pratiquement que des filles entre 12 et 14 ans. Ils se lèvent et nous saluent. C'est la première fois que les enfants voient des étrangers. Ils sont un peu gênés. Nous aussi. Wayan nous invite à nous présenter. Miao commence. Il avance face à la classe, marque son nom, son âge ainsi que son pays d'origine sur le tableau en même temps qu'il fait sa présentation. Il parle doucement et fait l'effort d'articuler. Simon prend le relais et c'est à mon tour de parler.

– I'm Mélissa, I'm 20 years old and I'm from France. Hum..., it's very nice to meet you[2].

Le trac se fait ressentir mais je vois dans le regard des enfants l'intérêt qu'ils me portent, même si pour eux je parle chinois... avec tout le respect que je te dois Miao. Ils font mine de comprendre. J'entends quelques « Oh Paris ! Paris ! » du fond de la classe.

On procède alors à la distribution de stylos. Un immense sourire marque le visage des enfants. Ils nous remercient à plusieurs reprises. On a même droit à des câlins. On essaie de discuter un peu

2 Je suis Mélissa, j'ai 20 ans et je viens de France. Hum..., enchantée.

avec eux dans un mélange d'anglais et de langage des signes. Finalement, on se comprend parfaitement.

Un professeur entre dans la classe. Il nous propose d'aller distribuer le reste des stylos à un autre groupe d'élèves. On le suit, assaillis par une trentaine d'enfants qui se jettent sur nous dans la cour. Ils sont si heureux que je ne peux retenir mes larmes. Je n'ai pas les mots pour exprimer ce que je ressens. L'idée que l'on puisse être comblé par le simple fait de recevoir un stylo me réjouit. Je garderai en mémoire tous ces sourires d'enfants.

Simon pose ses mains sur mes joues. Essuie mes larmes avec ses pouces. Je le sens troublé. Miao l'est aussi, il me prend dans ses bras. Quelques minutes de silence suivent. Je souris. « I love you, guys »[3] s'échappe de ma bouche.

Le voyage, à peine commencé, est déjà riche en rencontres et en émotions. Peut-être m'ouvrira-t-il de nouvelles perspectives que je n'aurais pas soupçonnées, en tout cas, c'est ce que j'espère au fond de moi.

---

3 Je vous aime, les gars.

II
L'ALLIANCE

« Une rencontre peut changer toute une vie.
Aie confiance en la vie, fonce ! »

14 octobre 2018
Plage de Canggu

Sur le mur face à moi, il y a un joli tag coloré : mer, palmiers, fruits et oiseaux. Il est écrit en gras « EAT LOVE BALI », petit clin d'œil au film *Eat, Pray, Love*. J'adore cette peinture que je vais poster sur Instagram. Il faut bien que je provoque un peu mon entourage pour qu'il se rende compte de ce qu'il manque.

La rencontre avec les enfants à Jungutan m'a valu trois jours de réflexion profonde sur la forme de mon voyage. J'ai décidé de changer les plans que je n'avais pas. Je vais continuer à courir le monde, mais en y faisant pleinement entrer la solidarité. J'ai envie de créer une plateforme participative pour récolter de l'argent en fonction des besoins locaux. Je vois plusieurs rubriques, notamment l'éducation. Le mieux serait de créer une association afin de pouvoir récolter de l'argent légalement et à plus grosse échelle. J'en ai parlé aux garçons, ils trouvent l'idée bonne. Simon veut faire partie de l'aventure.

Malheureusement, Miao retourne en Chine le lendemain. Ses parents ont d'autres projets pour lui. La Dream Team était éphémère.

On réfléchit à des noms d'association sympas. On part sur l'idée d'un distributeur d'amour qui en fournirait à tous ceux qui n'en ont pas. Ça donne des trucs comme « Love machine »[4], « Free cuddle »[5]. J'imagine bien quelque chose comme « Huge cuddle »[6]. Ce ne sont pas les idées qui manquent. On est en mode brainstorming tous les trois. C'est chouette de partager cela avec eux. Pourquoi ne pas reprendre le concept du « fast-food » qui propose un service de restauration rapide ? Nous, on proposerait un service de câlins et d'amour rapide. « Fast cuddle »[7], par exemple.

– What's cuddle in german?[8]

– Knuddeln, me répond Simon.

– Knudd-e-l-n-e.

– Almost![9]

Ça ressemble à cuddle, mais c'est plus difficile à prononcer. J'aime ce mot.

– Fast Knuddel-n.

Simon rit : « It sounds much better when you say it. »[10]

Miao le prononce comme il faut du premier coup. Il valide. Après quelques minutes de réflexion, Simon acquiesce aussi.

Vendu. Ce sera « Fastknuddeln ». À force de le répéter, je vais parvenir à le prononcer correctement.

---

4 Machine d'amour.
5 Câlin gratuit.
6 Câlin énorme.
7 Câlin rapide.
8 Comment dit-on câlin en allemand ?
9 Presque !
10 Ça sonne mieux quand tu le dis.

18 octobre 2018

Singapour

C'est assez incroyable d'être là, surtout après Bali. Gros contraste. Je préfère de loin la nature. Il y a beaucoup trop de tout ici, même si je reconnais que ces immenses buildings sont impressionnants. Apparemment, Singapour, c'est la « Suisse asiatique », riche et moderne avec un mélange culturel chinois, malais et indien, sous un climat tropical agréable. J'ai entendu dire que les chewing-gums sont bannis du pays. Interdiction d'en vendre et d'en consommer sous peine d'une amende. Ça paraît dingue. Mais c'est une règle parmi tant d'autres, beaucoup de choses ont l'air interdites dans cette cité-État.

J'ai la boule au ventre. Miao est parti et je me retrouve toute seule à Singapour avec Simon dans le but de monter une association ! Ai-je bien fait de mettre la Nouvelle-Zélande de côté pour partir en Asie du Sud-Est avec lui ?

On ne sait pas par quel bout prendre le projet. On est impatients et on aimerait que ça se fasse en claquant des doigts. Simon étudie les différentes solutions qui s'offrent à nous concernant la phase 1 qui est la création de ce qu'il appelle « the company ». Je le laisse gérer. Il me montre le site internet *Fiverr* qui propose divers services, notamment la création de logos. On se penche tous les deux dessus. On a plusieurs idées, on hésite particulièrement entre deux logos qui nous plaisent bien. Simon est assez doué en dessin. Il reproduit donc nos réflexions sur papier. C'est la Terre noire qui l'emporte, avec au centre du continent asiatique un cœur bleu, symbole de l'amour.

24 octobre 2018

Malaisie, île de Penang – George Town

Étape création du logo : done!

Les journées passent et j'ai l'impression qu'on n'avance pas. Simon cherche toujours comment constituer l'association ou l'entreprise, je ne sais même plus. Il me parle de « business ». Je le vois partir dans tous les sens.

Fière de notre toute nouvelle boîte mail : *fastknuddeln@gmail.-com*, j'ai envoyé quelques mails à différentes associations locales autour de nous pour savoir comment on pouvait les aider. Je n'ai eu aucune réponse. Évidemment, je m'attendais à quoi ! On n'a rien de concret à présenter, la motivation ne suffit pas.

J'ai besoin de passer à l'action. À vingt minutes de George Town, il y a un orphelinat. Je vais aller y faire un tour. Je prépare un sac rempli de vêtements dont je saurais me passer. J'arrive à *ST. JOSEPHS HOME*, une femme me reçoit. Elle trie le sac d'habits que j'ai emportés avec moi pendant qu'elle me fait la présentation orale des lieux. Les enfants qui habitent là sont principalement des enfants issus de familles défavorisées ou monoparentales. La maison les prend en charge jusqu'à leur majorité. Ils sont logés, nourris et suivent un cursus scolaire. Je demande à rencontrer les enfants, mais elle me répond que ce n'est pas autorisé. Dommage. Après lui avoir communiqué mes intentions, elle me fait part de la « Wish List »[11] de l'institut, une liste énumérant les besoins divers.

Je pars en direction de la sortie. Une dizaine d'enfants sont à l'extérieur du bâtiment. Ils me font de grands signes suivis de petits « Hello, hello ! ». Je leur réponds à mon tour. Une vague de chaleur m'envahit soudain. Les émotions montent et me saisissent. Je me

11 Liste de souhaits.

retrouve de nouveau face à ma sensibilité et mon désir profond d'aider. Les souvenirs de Bali défilent, se bousculent dans ma tête, réconfortent mon audacieuse quête. Me voici encore plus déterminée à créer cette association.

19 novembre 2018
Thaïlande, Chiang Rai

La Thaïlande a un côté rassurant, je m'y sens bien. J'ai très certainement ce ressenti, car ce n'est pas la première fois que je m'y rends. J'avais l'habitude, plus jeune, de venir dans la famille qui habitait du côté de Phuket dans le sud. J'ai déjà la nostalgie du départ. Ces dernières semaines ont été éprouvantes et décisives. Peu de temps après ma visite à l'orphelinat de Saint-Joseph, Simon m'a confié ne plus être certain de vouloir continuer le projet qui prend une tournure beaucoup trop importante. Il n'avait pas envisagé que son voyage touristique se transformerait en un voyage solidaire.

Quant à moi, j'ai essayé de ne pas me laisser déstabiliser par ses humeurs et je me suis lancée dans les recherches. J'ai découvert l'existence de la *loi 1901* définissant le statut d'une association française à but non lucratif qui permet à deux individus au moins de « mettre en commun leurs connaissances ou leur activité dans un but autre que de partager des bénéfices ». L'idée de fonder l'association en France me réconforte. La procédure à suivre me paraît faisable. Une amie travaillant dans le droit m'a accompagnée dans les démarches administratives, ce qui a clairement accéléré le processus. La première étape a consisté à créer un compte sur le site du *Service public*. Une fois le compte créé, on a rédigé les statuts et formé le bureau. Ma mère a accepté de faire partie des membres du bureau avec moi, de prendre la fonction de trésorière-secrétaire, ce qui colle parfaitement avec son statut de comptable et moi, je serai présidente. Quant à Simon, il souhaite tout de même avoir un pied dans le projet. Il est désigné comme premier membre de l'association. Même s'il choisit d'arrêter, c'est important pour moi qu'il ait toujours une place. Tout a commencé, avec lui, dans cette école à Bali.

Le projet avançant, j'ai acheté un ordinateur afin d'être plus à l'aise et efficace dans mon travail. Depuis, mes journées sont occupées à regarder des tutos pour créer et coder un site internet. Simon m'a conseillé *Shopify*, une plateforme de e-commerce. Je me dis que ça peut être pas mal pour mon « drive de charité ». J'essaie de créer différentes rubriques : *Homeless, Schools, Orphanages*, et je m'amuse avec la mise en page.

Simultanément, je passe en revue des demandes d'aide en Thaïlande et dans les pays limitrophes sur une plateforme d'échanges culturels du nom de *Helpx,* avant de découvrir celle qui m'a fait me retrouver à Chiang Rai. Je suis prête à traverser la frontière thaïe-laotienne, à embarquer pour deux jours en slowboat sur le Mékong et à rejoindre Luang Prabang.

Tout ça me semblait évident. Plus j'échangeais avec mon interlocuteur de la plateforme, plus j'avais la certitude que ce que je faisais était juste. Son discours s'était imprégné en moi. J'avais pris la décision de partir pour le Laos sur un coup de tête, toutes mes décisions depuis le début de ce voyage avaient été prises sur un coup de tête.

21 novembre 2018
Mékong

On commence à apercevoir le reflet du soleil derrière la jungle. On est vraiment au milieu de nulle part, ce dont je ne me rendais pas compte quand nous sommes arrivés à Pak Beng (Laos), car il faisait déjà nuit. Des éléphants prennent leur bain au bord de l'autre rive, si un jour quelqu'un m'avait dit que j'assisterais à un tel spectacle... j'ai l'impression d'être au cœur d'un reportage d'*Arte*.

On entame le deuxième jour sur le bateau, l'embarcation est une pirogue abritée, à l'espace restreint, permettant d'accueillir une trentaine de personnes, locaux et touristes. On devrait arriver à Luang Prabang en fin d'après-midi. Je suis impatiente. Ma destination finale se trouve à quatre heures de route au nord. Je n'ai aucune idée de comment m'y rendre et surtout si l'endroit est accessible. Sur la carte, il y a des routes dessinées, je suppose qu'elles sont praticables. J'arriverai bien à m'y rendre d'une manière ou d'une autre, que ce soit en bus, en bateau, en scooter ou à dos de buffle, je suis prête à tout pour rejoindre le village de Nong Khiaw, où habite Sabou (ຊາບູ), l'homme avec qui j'ai échangé sur *Helpx*. Sabou a pris sous son aile douze jeunes garçons issus de familles défavorisées vivant dans ce qu'il appelle « the countryside », dans les champs très loin. Il leur apprend principalement l'anglais, l'agriculture et la cuisine. Son idée est d'ouvrir un restaurant biologique, ce qui leur assurerait un emploi dans le village. Pour financer ce projet, ils vendent les légumes qu'ils cultivent.

Pour lui, il est indispensable que la nouvelle génération apprenne l'anglais. Le secteur se tourne de plus en plus vers le tourisme et il aimerait offrir la possibilité aux enfants d'avoir d'autres perspectives que celle de travailler dans les rizières ou dans les champs.

Dans son annonce, il fait appel aux voyageurs qui seraient prêts à venir passer un séjour aux côtés des enfants et à leur enseigner l'anglais. Il propose en échange de les accueillir chez lui et de leur faire découvrir la culture lao. Je ne sais pas encore exactement comment je pourrais contribuer au projet.

Simon est beaucoup plus distant depuis notre arrivée au Laos. Le projet commun qui devait nous rapprocher a finalement créé un fossé entre nous. Je ne sais même pas s'il va m'accompagner à Nong Khiaw. Je crains que nos chemins ne se séparent dès notre arrivée à Luang Prabang. J'essaie de profiter de ces instants comme si c'étaient les derniers. La nature autour de nous est si belle, si verte. On croise de temps en temps des espèces de pirogues à moteur qui ont l'air d'être le seul moyen de transport fonctionnel. Le bateau passe devant de petits villages. C'est assez incroyable de se dire que des gens vivent ici. Il se rapproche de la berge, c'est déjà la troisième fois qu'on s'arrête pour déposer de la marchandise, principalement de gros sacs de riz. Il accoste à côté d'un autre bateau dont les hommes forment une chaîne qui amène les sacs jusqu'à la rive. Un groupe de petits garçons s'amuse dans l'eau en compagnie de buffles. Certains grimpent et se balancent autour de la pirogue tels de petits singes. Ils posent devant les caméras chacun leur tour et adorent ça. Qu'est-ce qu'ils sont photogéniques ! Une dizaine de petites filles viennent à leur tour, elles sont nettement plus timides. Elles vendent des bracelets de toutes les couleurs, brodés « Laos ». Je tends un billet de 1 000 kips (0,10 euro), une fillette l'attrape délicatement. Timidement, elle me présente les différents bracelets qu'elle possède. Je lui montre du doigt le beige et bleu qu'elle me tend, son geste est suivi d'un « Copchai » (je suppose que cela veut dire merci) et d'un sourire.

Nous repartons. Une heure de trajet nous sépare de Luang Prabang. J'ai tellement hâte. Oh Laos ! J'ai le sentiment que je vais être bien à tes côtés.

Voici l'annonce de Sabou sur *Helpx* :

I'm Sabou from Laos. I'm taking care of 12 young boys. The kids come from the countryside of Nong Khiaw. They are from poor families. I decided to give them a chance by teaching them farming, english, cooking, service, etc. We currently have gardens around Nong Khiaw where we grow organic vegetables. We use the water from the river, organic seeds from Thaïland, natural fertilizer such as duck poop and macerated fruits as insects repellant.

In order to create a job for the boys, we have the project of creating an organic restaurant where people could cut their vegetables themselves in a garden located just next to the restaurant. In this way, vegetables would be the freshest and we would avoid waste. We could then cook it the way they want. To finance this project, we are selling vegetables we are growing.

This project is very new. For now, we already have the two fields: the restaurant and the garden. Many vegetables and fruits are already growing up (papaya, passion fruits…)

These are the following guiding lines of our project:

- *landscaping the field for the restaurant*
- *creating the restaurant bamboo huts*
- *making the flatware in bamboo*
- *creating and updating the website*

My place is difficult to find, but you can meet me at my work: NK adventure travel agency on the corner over the bridge, Nong Khiaw. Ask for Sabou.

Or call me: 0304507049

How can you help us?

The children will be the staff of the restaurant. That is why the main priority is for them to learn how to speak english. Usually, the children have 1 or 2 hours of classes a day.

Beside that, we need help to realize the project as described below. Then, you'll be welcome to help in the garden and in the restaurant.

Living with us is the perfect way to meet the lao culture. The restaurant is in Nong Khiaw so it is easy for you to stay in a guesthouse if you prefer. Otherwise, we will be happy to host you in our house. Our house is lao style. There is no shower, and the toilet is without a throne. We can provide you mattresses and some blankets. However, it is easier if you have your own sleeping bag.

We share the meals with our hosts, we provide the vegetables as we grow them but we humbly ask you to help us by bringing some rice and eggs or meat if you would like to eat it.

22 novembre 2018

Laos, Luang Prabang

Le désaccord (professionnel et personnel) avec Simon m'oblige à faire de nouvelles rencontres. En compagnie d'autres « backpackeurs » rencontrés lors de la traversée, je me rends dans un espace d'échanges entre voyageurs et locaux qui apprennent l'anglais, *Big Brother Mouse*. Je fais la rencontre d'un jeune Laotien de 15 ans. Son anglais est très bon. Il vient là tous les jours. Dans la discussion, il me renseigne sur le système éducatif du Laos : l'école est payante et non obligatoire bien que la majorité des parents y mettent leurs enfants. C'est plutôt vrai pour les gens des grandes villes (comme Luang Prabang) qui ont plus de moyens qu'à la campagne. Le jeune garçon travaille dans un restaurant tous les jours après ses cours, de 17 à 23 heures, pour financer ses études. Il est payé seulement 2 euros par jour. Il me confie que plus tard il voudrait être docteur. Son énergie et son sourire m'émeuvent.

Pour en revenir à *Big Brother Mouse*, l'association vend des livres de grammaire et d'histoires enfantines qu'elle a édités et traduits en laotien et en anglais. J'en achète quelques-uns pour les enfants de Nong Khiaw, ma prochaine destination.

Luang Prabang, que je visite, a un charme fou. La rivière du Mékong et de la Nam Khan vient encercler la presqu'île sur laquelle est installée la ville. Classée au Patrimoine mondial de l'UNESCO, cette ancienne capitale est verdoyante. La jungle est visible depuis tous les points de vue de la ville. La végétation envahit les rues. On y retrouve toutes sortes d'arbres fruitiers, comme le bananier et le kapokier. Le chant des oiseaux est présent. Comme un peu partout au Laos, ce n'est jamais vraiment la cohue sur les routes. Cela donne un peu une impression que la ville « appartient » aux piétons. On ne sait plus où poser les yeux. On se perd à explorer les ruelles qui percent la ville. La richesse de l'architecture de Luang Prabang doit autant à ses temples[12] qu'à ses nombreuses maisons en bois sur pilotis et ses villas coloniales dans le style lao[13]. Une harmonieuse réussite. J'ai appris que le Laos faisait partie de l'Indochine française. Le royaume de Luang Prabang est forcé d'accepter le protectorat français en 1893. La cité de Luang Prabang devient le lieu de résidence de l'armée française et se dote dès lors d'une architecture coloniale qui aujourd'hui héberge des hôtels et des commerces. Bien que le Laos soit indépendant depuis 1949, la présence française est encore bel et bien là ! Le nom de tous les bâtiments institutionnels ou gouvernementaux est écrit en laotien et en français.

Je découvre également l'artisanat traditionnel laotien au centre de tissage *Ock Pop Tok* allant de l'élevage des vers à soie au tissage artisanal. Le lieu s'ouvre sur le majestueux Mékong et sur le coucher du soleil. Oui, le cœur du Laos bat bien à Luang Prabang !

Je ne pouvais pas quitter Luang Prabang sans avoir fait un tour au *Night Market*. Ce marché se met en place tous les jours à la tombée de la nuit et encombre une partie de la rue principale. La route est fermée aux véhicules et des centaines d'étals rouges et bleus surgissent. Les marchands proposent une variété de produits issus de l'artisanat laotien ou made in China, comme partout dans le monde. On y retrouve les bracelets brodés ainsi que d'autres babioles-souvenirs. Certains vendent même des bouteilles d'alcool contenant des serpents et des scorpions morts. J'y ai goûté : atroce !

Sur la place du marché se trouvent des stands de fruit shakes et de crêpes typiques. Une petite ruelle perpendiculaire à la place cache des étals de plats locaux, sous forme de brochettes de viande

12 Toits de tuiles inclinées et volets en bois.
13 Murs en briques d'influence française.

et de poisson à faire griller ou sous forme de plats végétariens de nouilles, de riz, de rouleaux de printemps pour à peine 2 euros. Les marchands agitent en continu des sacs plastiques pour chasser les nuées de mouches qui viennent se coller à la viande.

23 novembre 2018
Laos, Nong Khiaw

C'est le grand jour. Simon ne m'accompagne pas. Après pratiquement deux mois passés à avancer côte à côte, nos chemins se séparent. Ce n'est pas comme ça que j'envisageais les choses. J'ai le bourdon. La petite voix dans ma tête est inquiète et incertaine mais mon cœur, lui, sait.

Je quitte Luang Prabang par cette imposante passerelle de métal au style Eiffel qui surplombe la rivière de Nam Khan. Seuls les piétons et les scooters peuvent la traverser. On se demande pourquoi. À mon avis, il est bien trop vieux et trop usé pour supporter davantage. À tout moment, on dirait que le pont va se casser la figure. À chacun de mes pas, le plancher frissonne. Le poids de mon sac va peut-être m'entraîner droit vers le fond. J'aperçois l'eau du fleuve sous mes pieds. J'ai des fourmis dans tout le corps... j'accélère le pas, les yeux rivés sur l'autre rive.

Après deux heures de tentative de stop sans résultat, c'est en minibus que je me rends à Nong Khiaw. Je l'attrape de justesse. Il n'y a que des locaux, ils me fixent tous du regard. Je reste figée une dizaine de secondes devant les portes du bus. Hésitante, je m'assieds sur la banquette à côté d'une dame. Comme chaque fois que je me retrouve dans une situation embarrassante, je souris nerveusement. Elle me tend une mandarine. Un « Copchai »[14] mal prononcé sort de ma bouche. Mais elle m'a comprise et rit. Le bus démarre, on est partis. La route est très endommagée. Quatre heures à être secouée dans tous les sens, cela risque d'être long. Après une petite heure de trajet, on tombe face à un immense chantier chinois qui donne sur la rivière de Nam Ou. De longues palissades cachent le squelette d'un barrage hydraulique. J'ai l'impression d'un massacre.

On se rapproche des montagnes et on s'enfonce dans la jungle en longeant la rivière de Nam Ou jusqu'à Nong Khiaw.

Nous arrivons. Le minibus nous dépose à la station de bus. Sabou m'attend à l'hostel *Delilah's*, un hébergement bon marché, situé à deux kilomètres de là. Il fait nuit noire, il n'y a aucune lumière et les rues sont désertes. Mon cerveau façonne tout un tas de scénarios angoissants. J'ai froid. Peut-être la peur me gagne-t-elle. C'est déjà la troisième fois que je vois passer ce vieillard sur son scooter. Je continue à avancer lorsqu'il se gare à côté de moi. Qu'est-ce qu'il me veut ? Je ne comprends rien à ce qu'il me dit. Il fait de grands gestes avec sa bouteille de bière à la main. Peut-être qu'en gentleman il veut tout simplement me déposer ou alors, il veut m'enlever.

14 Merci.

Non. Il a l'air trop ivre pour ça. Il va me conduire jusqu'à mon hôtel sans aucun souci... d'après ma courte expérience, les Asiatiques, même saouls, sont nés avec un guidon dans les mains. Allez, une bonne bouffée d'air frais et une montée d'adrénaline, je me retrouve passagère du scooter.

Le vieillard me dépose pile en face de mon lieu de rendez-vous. Sabou devrait déjà être là. J'entre.

— Malissa ?

Je me retourne, ça ne peut être que lui. Sabou. Enfin, nous nous rencontrons. Il est comme je l'imaginais. Peut-être un peu plus petit.

La première entrevue a été rapide. Sabou m'a donné rendez-vous le surlendemain après son boulot.

Première impression : il a l'air très gentil et en tout cas a été aux petits soins dès mon arrivée. Quelle journée éprouvante ! J'étais à la fois fatiguée par le voyage, les émotions nocturnes et très impatiente de retrouver Sabou pour qu'on envisage enfin quelque chose ensemble.

24 novembre 2018

Pas à pas, je découvre Nong Khiaw. Les ruelles sont un mélange de sable et de gravillons. La route principale est goudronnée et traverse le village qui s'étend sur les deux rives reliées par un pont gigantesque en béton massif, sans âme, à l'image des innovations chinoises – enfin, innovations... – dans le pays même. Sur une rive s'est développé un quartier un peu plus touristique, comprenant des guesthouses, des restaurants et des agences de trekking, tandis que l'autre rive a l'air plus locale. On y retrouve l'école, le secteur administratif, le marché et d'autres commerces locaux. J'ai l'impression que le tourisme est en expansion depuis peu dans ce petit village, si on en croit la multiplication des hôtels le long de la rivière. Les habitants abandonnent peu à peu leurs habitats en bois ou en bambou pour des infrastructures en béton plus confortables.

L'agriculture n'est plus la seule source de revenus, le tourisme permettra à l'avenir de vivre plus dignement mais toujours simplement, je l'espère. La simplicité pour moi, la rusticité pour d'autres est actuellement le principal atout de Nong Khiaw. La vie se fait dehors, en compagnie des uns et des autres, les gens semblent former une communauté. Les portes des maisons restent toujours grandes ouvertes. On rentre et on sort. Les habitats sont sommaires : un petit matelas ou un tapis en guise de lit. La cuisine se fait à l'extérieur, au feu de bois, dans une sorte de grand pot en terre cuite posé à même le sol. À chaque coin de rue, de bonnes odeurs viennent stimuler mes papilles. Une femme et son fils grillent des bananes servies dans une feuille de bananier. C'est bien chaud et fondant, je m'arrête pour goûter, je valide. Au bord de la route principale coule un petit ruisseau. Un robinet a été arrangé avec une bouteille en plastique, c'est l'endroit où certains locaux prennent leur douche et lavent leurs vêtements. D'autres y remplissent leur bidon, l'eau doit être potable. J'avance. Une jeune femme porte son enfant dans une écharpe dont elle se sert comme porte-bébé. Le bébé s'amuse avec une bouteille de bière laotienne « Lao Beer »[15] et me fait signe de sa main. De l'autre côté de la route, un groupe d'enfants joue à faire tourner un morceau de bambou bien taillé à l'aide d'une ficelle puis ils tirent d'un coup sec. Voilà une jolie toupie laotienne. Devant moi arrive un drôle d'engin qui ressemble à un tracteur avec une remorque. Deux jumeaux sont debout à l'arrière, sur un bord. Ils doivent avoir à peine trois ans, le sourire jusqu'aux oreilles. Je les comprends, moi aussi, faire un tour de tracteur, je kifferais. S'ils tombent… le conducteur, lui, n'a pas l'air inquiet. Je commence à cerner les lieux. La devise des habitants pourrait ressembler à : « Don't worry, be happy. »[16]

15 Bière locale.
16 Ne t'inquiète pas, sois heureux.

Autour de 16 h 30, le pont qui traverse la rivière devient un lieu de rendez-vous et d'observation du coucher de soleil. La couleur dorée éclaire harmonieusement la vallée tout entière jusqu'à ce que l'astre du jour parte se cacher derrière les montagnes. Je m'appuie sur la rampe, au côté des Laotiens qui ne se privent pas, chaque soir, de venir admirer le plus beau spectacle que leur offre Nong Khiaw.

25 novembre 2018

J'attends Sabou devant le *Delilah's*. Je suis impatiente. C'est le grand jour. Il est en retard. Je pense avoir compris le fonctionnement des Laotiens : pas pressé, on a le teeeeeemps. Le voilà qui arrive au volant de sa voiture. On peut dire que c'est une voiture seulement parce qu'elle a quatre roues et qu'elle roule, sinon elle n'a rien d'une voiture mais j'adore. Je la saisis au vol, je monte, enjouée, telle une enfant qui découvrirait l'automobile. « C'est un cadeau de mon père », me confie-t-il. On se dirige chez lui. « Let's visit my place »[17], me dit-il, suivi de « But it's very local... » et de

17 Allons chez moi.

« But don't worry »[18]. Sa situation matérielle a l'air de le gêner, je le rassure. J'aime les endroits atypiques. On passe par de tout petits chemins. La maison est bien cachée. On arrive. « Here is our house! »[19], dit-il d'un air désolé. Une maison locale effectivement mais elle n'a rien de différent des autres. Pourquoi ça le gêne tant ? On entre. De jeunes garçons d'une dizaine d'années sont couchés sur un matelas à même le sol. Ils ont l'air aussi mal à l'aise que Sabou quand ils me voient entrer dans la maison. Ils ne se lèvent pas, me saluent timidement parce que Sabou leur a demandé de le faire. Enfin, je le suppose, j'ai entendu un vague « Nongnagajnungni ». Bref, la pièce est très grande et très vide. Des vêtements sont pendus à une ficelle le long du mur. Sur l'autre façade est accroché un tableau blanc au-dessous duquel sont posés à même le sol des livres, des cahiers et quelques malheureux stylos. Dans une caisse en bois, Sabou garde tous les supports de cours d'anciens volontaires de passage. Il me les montre, fier, son visage se transforme. Il sourit enfin. Je le sens ému. Cet homme me touche à tel point que j'ai gardé mot pour mot le début d'une conversation inattendue.

— I have many questions to ask you[20], lui dis-je. Il s'assoit par terre.

— Oui, dis-moi, me répond-il en français.

— Oh ! Tu parles français ?

— Un petit peu. Je appris avec les touristes français quand je travaille restaurant ami.

Ce n'est pas limpide mais je suis impressionnée. Il parle bien pour quelqu'un qui a appris sur le tas.

Je m'assieds à côté de lui et commence alors à le questionner. Il m'explique les raisons qui le poussent à permettre aux enfants d'apprendre. Tous sont issus de familles défavorisées, habitent loin dans

18 Mais c'est très local… mais ne t'inquiète pas.

19 Voici la maison !

20 J'ai beaucoup de questions à te poser.

la campagne. Il se bat pour leur « offrir un avenir », les aider à sortir des champs, à obtenir une meilleure qualité de vie. Grâce à lui, ils peuvent aller à l'école et ont un toit pour dormir. « My "dream"[21], dit-il, serait que tous les enfants de Nong Khiaw puissent apprendre l'anglais. » Il enchaîne sur son idée de restaurant organique. Il en parle en disant « Our project »[22]. C'est quelque chose qu'il veut faire pour les enfants et avec les enfants. Il attrape une feuille et fait une espèce de plan du site : « Là, il y a le restaurant. Ici le jardin. Les bungalows ici là pour la vue, en bambou, les étrangers aiment le bambou. » Il a des étoiles plein les yeux.

Je suis si admirative de sa détermination. Il a la volonté de faire avancer les choses. Je vois dans son regard tout l'intérêt et tout l'amour qu'il porte à « ses » enfants.

— I want to help you. I'm gonna help you![23]

Ces mots sortent de ma bouche sans réfléchir.

— Really?[24]

— Yeah![25]

Une fois de plus, je ne peux rattraper mes mots. Comme si ma tête s'était tue pour laisser parler mon cœur. La voici qui s'affole. Les interrogations se bousculent et des émotions désagréables se logent dans mon ventre. Je n'ai aucune idée de comment je vais m'y prendre, mais je promets à Sabou de faire tout ce qui est en mon pouvoir pour l'aider. Sa motivation m'a touchée au cœur. Tous les deux, on va offrir aux enfants la possibilité d'apprendre l'anglais. On saute de joie, on est excités comme des gosses. Cette idée nous anime. La première étape consiste à parler aux représentants du village pour avoir le feu vert. Cela me laisse le temps de réfléchir à un plan d'action.

21 Mon rêve.
22 Notre projet.
23 Je veux t'aider. Je vais t'aider !
24 Vraiment ?
25 Oui !

Il se lève d'un bond.

– Come, I need to go to the coffee plantation of my boss.[26]

On prend son scooter. Embarqués. On traverse le fameux pont puis on emprunte une petite route à gauche, perpendiculaire. Le chemin est sablonneux et vallonné. Je me demande comment Sabou fait pour conduire là-dessus. On roule pendant une bonne quinzaine de minutes au bord de la Nam Ou. J'ai dû avaler un kilo de sable. On arrive. On rejoint les enfants qui sont déjà au boulot. Que des garçons, de nouveau. Sabou me montre ce qu'il faut faire. Avec les mains, on ramasse un peu de terre qu'on met dans un sachet plastique. Ensuite, on déterre un petit caféier qu'on rempote dans le sachet. Je vois le truc.

– Why are you doing this Sabou?[27]

– To sell it. To Chinese![28]

En faisant mine de plaisanter (pas certaine qu'il plaisante). Il me fait signe de suivre les enfants. Euh... quoi ?

– Wait! Take some plastic bags![29]

Je les enfile dans la poche de mon jogging, et me dépêche de rattraper les enfants qui sont déjà partis devant. C'est super pentu et glissant et eux, ils galopent comme des lapins dans la forêt.

Le plus âgé d'entre eux bafouille quelques mots en anglais. Il m'aide à repérer les petites plantes cachées sous les feuilles. Il prend le temps de me montrer et aussi de me ramasser. Parce que je me suis cassé la figure à peu près une dizaine de fois et j'ai réussi à empoter seulement trois caféiers. En une heure. Belle performance Mélissa, belle rentabilité ! Les enfants, eux, reviennent les bras chargés. Laissez-moi quelques jours d'entraînement et j'en ramasserai

26 Viens, on doit aller aux plantations de café de mon boss.

27 Pourquoi est-ce que tu fais ça Sabou ?

28 Pour le vendre. Aux Chinois !

29 Attends ! Prends quelques sacs en plastique !

autant que vous… ou pas. Une heure à crapahuter dans la jungle, ça m'a suffi ! J'ai faim. On reprend le scooter, les enfants nous suivent à pied. On ne va pas très loin, heureusement, pour leurs jambes. On s'arrête devant une petite maison bâtie entièrement en bambou, bois et tôle. Une jeune femme nous accueille. Les gens ont très peu de moyens. Les habitats sont isolés. Des paquets de nouilles deux minutes sont suspendus à la devanture. Sabou me dit de choisir celui qui me fait plaisir. Je montre du doigt « nouilles goût poulet ». La jeune femme en attrape plusieurs et se dirige sur le côté de la maison où est aménagée la cuisine. Grande et ouverte sur le salon, sur les toilettes, l'extérieur, ouverte à tout vent. Un classique là-bas. Elle allume un feu et met l'eau à chauffer pour faire cuire notre festin. En attendant, je demande à Sabou discrètement si je peux jeter un œil à l'arrière. J'ai entrevu les montagnes à travers les morceaux de bambou qui séparent la pièce principale de dehors, la vue a l'air incroyable. Il m'accompagne.

— Look, that's the bathroom![30]

— There's no wall?[31]

— No, me répond-il en se marrant. It's lao style![32]

Effectivement ! Seulement trois planches par terre. Un grand seau et une espèce de casserole en plastique pour se doucher. Une vue imprenable sur la jungle, pas un seul voisin à l'horizon, le kiff.

Après cette visite aérée, on se dirige vers la cuisine. La mère de famille nous montre les œufs en nous piaillant dessus. Pourquoi chaque fois que les Laotiens s'expriment donnent-ils l'impression d'être mécontents ? On hoche tous les deux la tête. Deux petites filles sont debout en face de nous en train de grignoter des chips de riz soufflé. La plus petite s'approche de moi. C'est mon appareil photo

30 Regarde, c'est la salle de bain !
31 Il n'y a pas de toit ?
32 C'est le style lao !

pendu à mon cou qui l'intrigue. Elle plonge son regard dans le mien et me tend un morceau tout baveux. Je le prends du bout des doigts et fais mine de le manger.

— Mmh c'est bon. Copchai.

Sur son visage naît un grand sourire. Elle s'essuie les mains sur son tee-shirt et repart au côté de sa sœur, en sautillant, les fesses à l'air. Le repas arrive. Je jette le morceau de chips en douce. Ça fume, les nouilles ont l'air délicieuses. La mère pose aussi sur la table un petit panier de bambou dans lequel se trouve du riz. Sabou met sa main bien au fond et en sort une grosse poignée qu'il malaxe rapidement. De l'autre main, il arrache, c'est le mot, un bout de mixture qu'il enfourne dans sa bouche. Il me voit intriguée par sa petite mise en scène.

— Try some. It's called sticky rice. Kao nio in Lao.[33]

J'introduis à mon tour ma main dans le panier. C'est tiède, et pas aussi gluant et collant que ce que j'imaginais. Le principe me plaît.

— Try with this[34].

— What is it?[35]

— Soy sauce with chili[36].

Les gamines font trempette depuis tout à l'heure, ingurgitant le piment sans broncher.

La jeune femme questionne Sabou sur les raisons de ma présence. Il lui explique notre projet. Pas une expression sur son visage, elle me fixe.

— Elle demande ton âge.

— Euh... j'ai 20 ans, 20 years old.

— Oh! Almost same! She is 22[37].

— Yes...

---

33 Goûte. Ça s'appelle sticky rice. Kao nio, en lao.

34 Essaie avec ça !

35 Qu'est-ce que c'est ?

36 De la sauce soja avec du piment.

37 Oh ! Presque pareil ! Elle a 22 ans.

— She said that you're too young to travel alone[38].

— For me she is too young for getting married and have kids[39].

— In our culture people get married and have kids very young[40].

— Pourquoi tu n'es pas marié, toi ?

— I was but she left me[41], me dit-il en ricanant.

Il se lève, on y va. J'ai encore la bouche en feu à cause du piment. Sabou refuse mon argent.

« Tu es l'invitée. Tu m'inviteras quand je viendrai te voir en France, un jour. »

La conversation avait été étrange parce que j'avais en face de moi une jeune femme de mon âge dont la vie, la trajectoire, la culture étaient différentes et avec laquelle je ne pouvais pas communiquer par la parole.

Peinture de Nong Khiaw par Emma Lansmant.

38 Elle dit que tu es très jeune pour voyager seule.
39 Je la trouve très jeune pour être déjà mariée et avoir des enfants.
40 Dans notre culture on se marie et on a des enfants jeune.
41 J'étais marié mais elle m'a quitté.

III
Les balbutiements

« Lorsqu'il te sera difficile de trouver les mots, souviens-toi qu'inspirer est plus fort que convaincre. »

29 novembre 2018

Mon sac est prêt. J'ai apprécié le temps passé à Nong Khiaw, les soirées cinéma quotidiennes que l'hostel offre, les délicieux desserts et les belles rencontres. On y reviendra. Je ne m'en vais pas très loin. Je n'aurai qu'à traverser le pont. Sabou a réussi à me dénicher une chambre pas chère dans la guesthouse de son boss, au bord de la rivière. Un peu d'intimité ne me fera pas de mal, même si j'apprécie l'ambiance dortoir.

Ma rencontre de ce matin aurait fait fuir toute personne au discernement minimum. La raison comme une main est en train de me tirer en arrière.

Si je prends à la lettre tout ce qu'Isabelle (membre de l'ONG *Bamboo School Project*) m'a dit, je n'ai aucune chance. Après avoir mis l'accent sur mon incompétence et mon manque de professionnalisme, elle m'a fait part de l'expérience catastrophique de l'ONG à Nong Khiaw. Après que l'ONG s'est installée dans le village, elle se voit dans l'obligation de mettre les voiles. À ce que j'ai compris, les autorités laotiennes lui ont demandé plus de 200 000 dollars, sous peine, en cas de refus, de cessation de toute activité en lien avec l'éducation et l'enseignement. C'est comme ça que ça fonctionne dans ce pays. Le gouvernement profite des associations internationales, dans le sens qu'il leur soutire de l'argent. Qui plus est, une population instruite au Laos serait bien trop dangereuse à contrôler. Seuls les gens riches et de pouvoir ont droit à l'éducation. Un principe qui fait rêver !

Je prends note de l'avertissement d'Isabelle et des risques évoqués plus haut mais j'ai envie de prendre un risque, de rester confiante en mon projet. Désolée de te décevoir, ma chère raison, mais je continue d'avancer. Je ne veux pas faire faux bond à Sabou, il se donne tellement. En plus, la rumeur qu'une petite étrangère s'est installée à Nong Khiaw pour monter un projet commence à se répandre dans le village. Je ne sais pas quelle image les gens ont de moi, mais j'espère du fond du cœur que je ne leur renvoie pas le cliché du Français conquérant qui ramène sa science. On me qualifie de « falung ». En effet, je suis une étrangère, une Française. Au Laos, tout étranger est un Français. D'après Sabou, il n'y a rien de négatif. Vieux reste du temps où le Laos était une colonie française. D'après les anciens (qui parlent français d'ailleurs), cette période de l'histoire n'était pas la pire, certains m'ont même dit l'avoir « appréciée ». Ce sont plutôt les Américains que les gens appréhendent. Le Laos a subi des bombardements américains toutes les sept minutes, de 1964 à 1974. Dix foutues années !

Les Laotiens appréhendent toujours malgré leur bonne volonté, ils ne parviennent pas à faire table rase du passé. Et aujourd'hui, c'est au tour des Chinois d'envahir le pays. Les Laotiens ne seront donc jamais tranquilles.

Ces derniers jours, Sabou et moi, on a fait connaissance avec les organes de la police et du ministère de l'Éducation de Nong Khiaw afin de leur présenter le projet qui a pour intitulé : « Offrir des cours d'anglais gratuits à la population de Nong Khiaw ». Pour ce qui est de l'aspect technique, Sabou a déjà plusieurs idées. Soit on loue un local, soit on fait construire une classe. Sabou est à chaque rendez-vous super élégant et fait preuve d'un grand professionnalisme, je suis épatée. Il a sorti ses belles chaussures de gala pour l'occasion. On s'est rendus dans le « quartier d'affaires » en scooter, lui aux commandes, moi assise en amazone comme toutes les Laotiennes qui portent des jupes.

Aujourd'hui, on détient seulement l'accord oral du ministère de l'Éducation, ce qui est déjà un bon début. Maintenant, on doit écrire le projet en anglais et en lao. Enfin, dès lors qu'on obtiendra la validation écrite, on pourra commencer.

Après les démarches au « quartier d'affaires », on a visité deux terrains. Le premier était dans un endroit charmant, de l'autre côté du pont. Près de ma guesthouse, au bord d'une petite rivière. Magnifique spot mais il y aurait beaucoup trop à faire. En plus du loyer de 3 000 euros par an, il faudrait remettre à niveau tout le terrain, couper un minimum d'arbres et enfin construire la classe. Étant donné que notre compteur s'affiche à zéro, je vais devoir investir mon propre argent même si je n'ai pas des mille et des cents. Le deuxième terrain était tout aussi joli, sur une petite colline mais même scénario, trop cher.

Il faut que je passe la deuxième pour boucler le site internet et créer une campagne de fonds. Mais en attendant, l'heure est au divertissement avec deux Français rencontrés lors des fameuses soirées cinéma du *Delilah's*, l'un est un professionnel du cirque, il transporte avec lui tout son attirail : du costume de clown au diabolo. Nous prenons contact avec l'école primaire de Nong Khiaw, et nous organisons un petit spectacle. Une première pour ces enfants qui se tordent de rire à chaque fait et geste de l'artiste. Même les professeurs ont l'air de prendre du plaisir. Pari gagné, beau travail.

2 décembre 2018

Depuis l'emménagement dans mon nouveau chez-moi, j'ai instauré une routine et essayé de rythmer mes journées entre le boulot « projet » et le boulot « gagne-pain ». Même si la vie n'est pas chère au Laos, il faut quand même que je fasse attention. Je ne sais pas combien de temps je vais rester. J'ai donc déniché un job de serveuse de 7 à 9 heures pour le service du petit-déjeuner dans la guesthouse juste à côté de la mienne (*Meexai guesthouse*). Le patron vit avec sa femme et sa fille dans la maison familiale et s'occupe du business. Il est le seul à parler anglais, pas évident de communiquer. Le soir, je fais une heure de traduction dans une agence de trekking. En échange de mes services, on m'offre un bon repas ainsi que quelques cours de lao.

Ensuite, je retourne à *CT restaurant* (quartier de mon hébergement) où j'opte pour un café tout en travaillant sur le site internet. Le midi régulièrement, Chu Thao (le boss de Sabou) et sa famille m'invitent à leur table. Ils font que je me sens comme à la maison et sont toujours aux petits soins avec moi. La famille de Chu Thao est hmong. Sabou m'explique qu'au Laos il y a différentes ethnies : les Lao, les Hmong et les Khmu. Il y a aussi les Akhas qui vivent au nord mais ils sont peu nombreux. Chaque ethnie possède sa propre langue mais le lao est la langue officielle du pays. Tout le monde vit en communauté. Chaque individu a sa place mais n'a pas le même traitement. Seuls les Lao peuvent travailler pour le gouvernement, par exemple. Chu Thao m'a aussi raconté qu'il avait perdu un procès parce qu'il était hmong, alors que le fautif (accusé de vol et de détournement de fonds) a gagné, car il était lao. Quelle injustice !

Après cela, on bosse avec Sabou sur le projet ou je lui file un coup de main dans son travail. Chu Thao souhaite ouvrir une agence de trekking dans le local qui prolonge son restaurant. Par contre, il faut redonner un petit coup de neuf. Sabou a acheté de la peinture rouge pour repeindre le sol. Assez étrange mais pourquoi pas ? À quatre pattes, on étale la peinture. On s'en met partout. Les pieds du bureau nous gênent. Pas faute d'avoir dit à Sabou de le déplacer. Il n'en fait qu'à sa tête ! On peint finalement autour. Chu Thao a l'air satisfait de notre travail (ma foi !). L'esthétique est loin d'être la priorité (cela dit, j'avais compris en voyant la tête des draps vendus dans les petits shops : rose fuchsia et à fleurs, au secours !).

Retour au projet. La rédaction en anglais et en lao terminée, il ne reste plus qu'à imprimer. Les imprimantes ne courent pas les rues à N.K., on se rend au printshop du village. Une fois le document entre nos mains en bonne et due forme, on le dépose chez un type qui travaille pour l'administration. Je n'ai pas bien compris sa position mais à voir Sabou et ses belles chaussures, il a l'air d'être quelqu'un d'influent. On l'interrompt en plein jardinage. Pour nous accueillir, il découpe deux noix de coco tombées du gigantesque cocotier de sa propriété, verse le jus dans un gobelet qu'il me tend. On arrive à échanger quelques mots en anglais à propos du projet, même si la plus grosse partie de la conversation se fait en lao entre Sabou et lui. Sa femme et sa fille nous rejoignent. Elles ramènent avec elles des mandarines et des patates douces grillées. C'est chaud mais c'est bon. La petite interrompt la conversation pour chuchoter quelque chose à l'oreille de son père. Il révèle ensuite son secret, ce qui ne lui plaît pas. Elle s'en va en boudant avec un morceau de patate entre les doigts. Elle a confié se souvenir de moi le jour où nous avons fait le spectacle à l'école. L'homme me félicite pour cette action, et d'après ses sources l'événement a fait un carton auprès des enfants de l'école mais aussi des villageois. Chouette nouvelle. Un flop aurait eu des répercussions négatives sur le projet.

Sur le chemin du retour, on s'arrête au magasin de bricolage. On a besoin d'un peu de peinture rouge pour finir le désastre. Pendant que Sabou discute peinture avec la vendeuse, je flâne dans les rayons du magasin avec la boîte d'écrous que Sabou m'a confiée. Je me faufile dans les recoins et me retrouve dans une impasse. Je trébuche, la boîte tombe et les écrous s'étalent sur le sol. Merde ! Je me baisse pour les ramasser. Une âme charitable vient me porter secours. Elle s'appelle Tummy (ທ້ອງມີ).

Elle me regarde ramper sur le sol crasseux, sans un mot. Sa présence m'apporte un certain réconfort. Je me relève des écrous plein les mains. Croyant la laisser sur place, je ne peux m'en défaire. Elle ne me quitte plus. Je suis alors obligée de la prendre avec moi. On retourne à CT, Sabou, Tummy et moi, sur le scooter.

4 décembre 2018

Me voilà de nouveau assise autour de cette immense table entourée d'hommes, que des Lao. Je ne comprends rien à ce qui se dit. Je me replie dans mes pensées. Sabou prend très à cœur son rôle de traducteur-interprète. Il m'interroge de temps en temps. Alors, je sors de mes pensées, le temps de sa question et j'y retourne. Une fois sur deux, il me questionne sur des sujets qu'on a déjà évoqués durant des heures ensemble. Il me fait peur quand il fait ça.

– They offer us to build in the local school![42] s'exclame-t-il.

– In the school...?[43]

42 Ils nous offrent la possibilité de construire dans l'école locale !

43 Dans l'école... ?

— Yes, there are old unused buildings. We just need to destroy them and rebuild new ones![44]

Le mot « just » n'est pas vraiment celui qui me vient en premier. Il suffit de « détruire », c'est bien joli mais pour le moment je n'ai pas un rond.

— The chief of the education office asks when we could start.[45]

(What?)[46]

— They know a good architect that could help us.[47]

(Double what?)

Plus un mot ne sort de ma bouche. Tout le monde me fixe en attendant ma réponse.

— Euh...

— Maybe we could first go to see the school, what do you think?[48]

— ... Sabou, reassure me. You told them that for now we do not have money, right?[49]

— Yes, for now. But you said you will collect all the money we need online.[50]

— Yes... but it's not that easy... I'm not sure we will get enough to...[51]

Sabou m'interrompt :

— I'm sure you will find the way to get it![52]

---

44 Oui, il y a des locaux inutilisés. On doit juste les détruire et en construire de nouveaux à la place.

45 Le chef du ministère de l'Éducation nous demande quand nous pourrions commencer.

46 Quoi ?

47 Ils connaissent un bon architecte qui pourrait nous aider.

48 Peut-être que pour commencer nous pourrions aller voir l'école, qu'en penses-tu ?

49 ... Sabou, rassure-moi. Tu leur as bien dit que pour le moment nous n'avons pas d'argent, n'est-ce pas ?

50 Oui pour le moment. Mais tu as dit que tu allais recollecter l'argent nécessaire en ligne.

51 Oui... mais ce n'est pas aussi simple... je ne suis pas sûre qu'on aura assez pour...

52 Je suis sûr que tu trouveras un moyen !

Tout le monde se lève. Direction l'école.

On entre dans la cour avec les scooters. Les enfants sont tous dans les classes. On se dirige à l'arrière de l'école. Sur notre droite se trouvent une vieille maisonnette en bambou et un horrible bâtiment gris qui sert de toilettes. C'est crade. Y a-t-il vraiment des enfants qui les utilisent encore ?

En face, il y a un long bâtiment rose, construit en béton, en bois et en tôle. Tout aussi délabré que le reste.

Le directeur de l'école est là, ainsi que la directrice adjointe et quelques professeurs. Ils pointent du doigt les bâtiments, discutent entre eux. Font quelques pas en avant, puis en arrière en comptant.

En plus de vouloir construire une école, on ajoute : un internat avec 8 chambres de 6 lits dans chacune. Moitié filles, moitié garçons, avec salle de bain, cuisine et une salle TV-librairie mixte. Il y aurait aussi une sorte d'internat consacré uniquement aux professeurs, plus petit mais agencé de la même manière. C'est ce que nous avons indiqué dans le document que nous avons rendu à l'administration. Dans quelle merde je me suis fourrée ! Toute cette mascarade n'est que le fruit de mes actions. Je me rends compte (un peu tard) qu'on a été beaucoup trop gourmands et ambitieux. J'ai laissé Sabou m'entraîner dans sa folie. J'ai voulu l'impressionner. Qu'est-ce que j'en sais, moi, des campagnes de financement ?

5 décembre 2018

Aujourd'hui, c'est interview. Pendant que j'essaie de trouver l'angle parfait pour la caméra, Sabou est en train de réciter son texte. Il y met vraiment tout son cœur. Je le vois écrire, puis réciter, puis gribouiller, puis réciter encore, autant qu'il le juge nécessaire. Il a le trac. Moi aussi. Je n'ai pas le droit à l'erreur après notre rendez-vous d'hier. Je mise beaucoup sur cette interview. Je pense qu'une vidéo est beaucoup plus touchante et parlante qu'un texte.

Tummy et le fils de Chu Thao s'amusent ensemble. Ils courent, tombent, rigolent et repartent. De temps en temps, on assiste à quelques sanglots, lorsque l'un se montre un peu trop brusque.

Sabou est prêt, il s'assoit devant la caméra, ajuste le col de sa chemise et commence à parler. Il se présente, puis enchaîne sur le projet. Il improvise même en français à la fin. « C'est pour les Français...es. » Ce charmeur ! Si ça peut nous rapporter plus de dons.

Vandy (ວັນດີ), une des professeurs d'anglais de l'école secondaire, m'a invitée à suivre son cours et à interviewer les enfants de sa classe. Ils sont tous très timides mais beaucoup se sont portés volontaires pour témoigner. Ils s'expriment en lao, Vandy traduit en anglais. Ils répètent tous la même chose : ils souhaiteraient avoir davantage de livres d'anglais et de supports de cours pour apprendre. Certains aimeraient aussi pouvoir échanger avec des étrangers pour améliorer leur prononciation et leur conversation.

À la fin du cours, Vandy et B. (un autre professeur) prennent le temps de discuter avec moi et de répondre à mes questions. Leur niveau d'anglais est très bas et approximatif. Ils affirment manquer d'outils pour enseigner correctement aux enfants. Il n'y a pas assez de livres pour chaque élève et le contenu est pauvre et parfois incorrect. Ils me confient qu'ils perdent leur motivation d'enseignants. Ils voudraient plus de soutien. Les conditions d'enseignement et d'apprentissage de l'anglais ou d'autres matières ne font pas rêver. Bien que l'école dispose de nouvelles classes en dur depuis peu de temps, toutes sont à moitié ouvertes pour laisser entrer l'air (les températures sont très chaudes une grande partie de l'année) et les petits ventilateurs accrochés au plafond ne suffisent pas à refroidir les pièces. Le bruit de l'extérieur vient sans arrêt perturber les élèves trop nombreux dans un espace restreint.

Vandy et B. viennent de me faire une révélation assez choquante : ils travaillent bénévolement depuis des années. Officiellement, ils sont salariés mais l'école n'a pas assez d'argent pour les payer. Ce pays me surprend chaque jour un peu plus.

J'espère qu'avec tous ces témoignages, on va réussir à récolter des dons...

Avant de me rendre à l'agence de voyages pour mon heure de traduction, je m'assois sur un muret à l'arrière de l'école qui devrait accueillir le projet. Je prends le temps d'admirer chaque recoin et chaque parcelle de terrain. J'imagine de beaux bâtiments à la place de ces ruines. Je m'amuse à faire quelques croquis sur une feuille de papier. Cela me fait du bien. La pression retombe.

7 décembre 2018

Le ministère de l'Éducation pense que le terrain à l'arrière de l'école secondaire n'est finalement pas approprié à notre projet. On a donc fait la visite d'une autre école. Moins accessible que la première, au centre du village, mais dont le terrain est plus grand. Elle se trouve dans un autre village, de l'autre côté du pont. J'ai appris que N.K. ne s'étendait pas des deux côtés du pont, de l'autre côté, c'est Sophoun. CT fait partie de Sophoun. Les autorités doivent réfléchir... retour à la case départ.

Chu Thao nous a proposé de faire le projet dans son hôtel. Pas à CT, mais au *Viewpoint Resort*, le grand hôtel sur la colline. Il cache bien son jeu, Chu Thao. Cet homme est un vrai businessman. Il possède le *Viewpoint Resort* en partenariat avec un Canadien, absent pour le moment. Chu Thao est donc le seul maître à bord. Le lieu est magnifique et spacieux, on y serait bien, c'est sûr : il en demande 160 000 euros par an, impossible !

On a aussi visité une maison. Elle mériterait un bon coup de nettoyage mais elle serait bien pour un lieu d'échanges, dans le style de *Big Brother Mouse* à Luang Prabang. Il y a la place. Le propriétaire en demande 700 euros par an, nettement plus raisonnable.

J'accompagne Sabou et Chu Thao en van. Chu Thao conduit. Apparemment, on va acheter des poulets pour célébrer le Nouvel An khmu. Il ne tombe pas en même temps que celui des Lao et des Hmong. Sabou est le seul Khmu travaillant à CT. On descend tous du véhicule. Un homme nous invite à l'arrière de sa maison pour que nous récupérions les poulets.

— They are alive![53]

Sabou rit en voyant le choc sur mon visage. Il m'explique que la tradition est de tuer le poulet et ensuite de le manger. Chu Thao et l'homme tiennent chacun deux poulets dans leurs mains. Sabou arrive avec un rouleau de ficelle. Il entoure la ficelle autour des pattes des poulets et les attache ensemble. Les poulets pendent, la tête en bas, hurlant à la mort. J'assiste à toute cette scène de torture. Chu Thao ouvre le coffre du van et jette les poulets à l'intérieur, sans pitié. Le retour est atroce, j'essaie par tous les moyens de faire abstraction des gloussements de ces pauvres bêtes. Chu Thao m'a confié ne pas avoir le courage de tuer les poulets, l'honneur en reviendra aux dames. J'ai la nausée. Je vais faire l'impasse sur « la cérémonie khmu ».

En revenant de mon heure de traduction à l'agence de trekking, je croise le patron de *Meexai guesthouse*, assis à une table de restaurant. Il me fait signe de venir. Il est en compagnie d'une bande de garçons lao. Je n'ai même pas le temps de m'asseoir qu'on a déjà déposé devant moi un verre de « Lao Beer » avec des glaçons. Drôle d'idée.

Ils lèvent tous leurs verres pour trinquer avec moi. « Niok mot », répètent-ils tous en souriant.

---

53 Ils sont vivants !

— It means bottoms up![54]

Ils attendent tous que je finisse mon verre. Bon, je me lance. Je descends mon verre cul sec. Je grimace, je n'aime pas la bière. L'un d'entre eux attrape mon verre et le remplit à nouveau. Tous en chœur, ils répètent « Niok mot, niok mot ! » Encore ? C'est la tradition, on doit boire deux culs secs. Je ne peux pas refuser, j'attrape le verre et m'enfile mon deuxième cul sec, suivi de ma grimace et des rires de la table.

Un homme se présente à moi, il n'est pas lao, lui, je le vois tout de suite. J'ai déjà entendu parler de lui. Les informations circulent vite dans un petit village comme N.K., surtout quand elles concernent des étrangers, ils sont tellement peu nombreux. Tous sont des hommes. Je suis la seule femme. L'homme habite à N.K. depuis plusieurs années maintenant, il était marié à une Laotienne mais ils se sont séparés récemment. Il a entendu parler de moi et du projet qu'il trouve ambitieux. Il se montre honnête et me met en garde. Il m'énumère différents exemples de projets qui ont échoué, notamment celui de Bamboo School, très récemment. Il me confie également ses propres expériences, en tant qu'étranger dans le pays, pas facile de se faire sa place, surtout dans le business. Il connaît les autorités du village et avoue être étonné quant à ma relation avec elles. Selon lui, je ne suis pas à l'abri d'une déconvenue soudaine et sans appel.

Il lève son verre :

— Let's cheers to your project![55]

Tout le monde lève son verre :

— Niok!

— Oh no, no niok mot![56]

---

54 Ça veut dire cul sec !

55 Trinquons à ton projet !

56 Oh non, pas de niok mot !

– If you say only « niok », it means cheers, if you add « mot » at the end, it's bottoms up.[57]

Ouf ! J'ai échappé de justesse au troisième cul sec.

On trinque. Tummy… Tummy doit avoir faim et elle doit se sentir seule. Seule à la maison depuis que je suis partie faire l'interview à l'école.

De succulents plats traditionnels bien fumants défilent de la cuisine jusqu'à notre table. Suivis de cagettes de bouteilles de bière et de bols remplis de glaçons. Une bonne cuite ne me fera pas de mal.

Il est 2 heures du matin, je descends les marches jusqu'à ma chambre. Je vois flou. J'ouvre la porte. Tummy est là. Merde, j'ai oublié de lui ramener quelque chose à manger. Il est trop tard pour acheter quoi que ce soit.

– Je suis vraiment désolée, Tummy…

Elle me boude, elle s'en va dehors. Comme tu veux. Je m'écroule sur le lit et m'endors dans un sommeil profond.

11 décembre 2018

Sabou aussi me fait la gueule. Je ne lui ai pas donné signe de vie depuis deux jours. J'étais trop occupée à me prendre des cuites. Je ne suis pas assez sérieuse, il a raison. Mais j'en avais tant besoin. Enfin, je croyais. Je ne me sens pas mieux. C'est pire. J'ai la gueule de bois. Je me rappelle vaguement mes dernières 72 heures. Je me souviens de m'être retrouvée au beau milieu d'un mariage. Je me souviens des longues parties de pétanque. Je me souviens d'avoir fait un karaoké laotien. Je me souviens d'avoir conduit un scooter, ivre. Je me souviens, surtout, d'avoir englouti des litres et des litres de bière.

Dans dix minutes, les haut placés du ministère de l'Éducation et une équipe d'architectes arrivent pour déjeuner avec nous à CT afin de

57 Si tu dis seulement « niok », ça veut dire santé, si tu ajoutes « mot » à la fin, ça veut dire cul sec.

discuter école. La famille de Chu Thao a préparé un buffet pour l'occasion. Sabou a fini de me faire la morale. Je me lève et file en vitesse me mettre un coup d'eau froide sur le visage. Allez Mélissa, ressaisis-toi !

Je reviens, tout le monde est là. Je serre la main selon le rituel lao. Comme Sabou m'a appris. C'est un signe de politesse. On s'assied. On commence par manger avant de discuter business. Comme d'habitude, je ne comprends rien à ce qui se dit. Je mange et je me tais. Mon ventre grogne. Le solide me fait du bien. Je dévore le sticky rice.

Chu Thao nous sert du café de ses plantations. La table débarrassée, les architectes nous montrent les plans qu'ils ont faits. Sabou a des étoiles plein les yeux. Je joue le jeu mais j'ai peur. Peur de leur annoncer que la campagne de fonds a été lancée il y a deux jours et qu'on a récolté zéro centime. Peur de leur dire que personne ne croit au projet.

C'est à moi d'offrir le repas pour tout le monde. Heureusement, un homme généreux en paie la moitié avec moi.

12 décembre 2018

Nam Thouam

Après une heure de route, on arrive dans le village de Nam Thouam. Sabou m'a proposé de l'accompagner à la cérémonie organisée en l'honneur de son petit cousin qui a deux ans. Il est sans arrêt malade depuis sa naissance, alors la famille organise une cérémonie de changement de prénom. Ils espèrent qu'ensuite il ira mieux. Leur maison est très rustique. Elle ressemble à celle où nous avions pris le déjeuner après le ramassage des caféiers. Tout en bambou. Un petit groupe y est assis par terre en train de tailler des morceaux de canne à sucre pour faire des petits paniers triangulaires. En guise d'offrandes, ils déposent dans les paniers des petits récipients en feuille de bananier garnie de riz, de bananes, d'écorces d'arbres et des bonshommes miniatures en argile. L'autre groupe s'en est allé tuer le porcinet qui était attaché devant la maison. On tue un jeune porc parce que l'enfant est très jeune. Pour lui faire hommage. Les gémissements du petit cochon résonnent dans tout le quartier. J'entrevois la scène. Une fois l'animal mort, ils le nettoient, le démembrent et le font cuire dans la grosse marmite déposée sur le feu à l'intérieur de la maison. La cérémonie commence avec uniquement la famille proche et le chamane qui récite plusieurs prières. Ils sont assis autour d'une petite table ronde sur laquelle sont posés des bougies, des fleurs, du riz sec et d'autres offrandes. Une fois le rituel terminé, on les rejoint en apportant le cochon cuit, du sticky rice, des œufs et des petits gâteaux. À tour de rôle, on attache autour de chaque poignet de l'enfant une petite ficelle blanche et on y glisse un billet, en faisant une prière. L'enfant s'attaque au cochon. On a le droit au cochon entier, même à la tête. Il arrache de ses mains la chair de la bête et l'enfourne dans sa bouche. Son frère le suit.

J'ai l'impression de venir d'un autre monde. Tout le monde me dévisage, avec bienveillance. Sabou m'a confié que certains des convives voient une étrangère pour la première fois. Je ne peux imaginer leur étonnement. Sabou est mitraillé de questions. Je les sens méfiants. Leur visage se détend une fois que Sabou leur a expliqué les raisons de ma présence à N.K. et notre projet commun.

On installe plusieurs petites tables rondes sur le sol pour déjeuner. Tout le monde pioche dans les assiettes. Ambiance très conviviale. J'essaie d'échapper au cochon et de piocher seulement dans les assiettes de légumes mais je n'y coupe pas. Dans les bols, il y a un mélange de sang et d'herbes. Une des femmes à côté de moi me tend une cuillère. Elle attend que j'avale « tout ce que j'ai dans mon assiette ». C'est pour me tester. « Tout avalé, Madame ! » Elle me sourit enfin, me parle en lao. Je comprends.

— Tchao su nyang ?[58]

— Khroi su Mélissa.[59]

— Malissa… tchoi anyu tchak pii ?[60]

— Saa pii.[61]

Sabou me reprend :

— Sao pii[62].

— Sao pii, je répète.

J'ai le droit aux applaudissements. C'est un bon début. Ma prononciation reste à améliorer. Ce n'est vraiment pas évident. Ma bouche refuse de faire certains sons.

J'ai remarqué que les Lao n'arrivent pas à prononcer le « é » de mon prénom. Alors, ils mettent un « a » à la place, ce qui donne Malissa. Maly est un prénom lao. C'est le nom que porte une fleur.

— We will call you Maly (ມາລີ) now[63], me dit Sabou.

C'est joli. Ça me va !

16 décembre 2018

Nong Khiaw

Ces derniers jours ont apporté du changement.

Les architectes ont estimé les travaux à 250 000 euros. On a dû trouver une alternative, moins coûteuse. On a décidé de louer pour 700 euros par an la maison que nous avons visitée en dernier. Le contrat se fait sur cinq ans avec une avance de loyer d'un an. Au Laos, on loue sur plusieurs années, et non au mois. Espérons que le projet vive. Le chef du village de Sophoun est présent pour la signature du « contrat » ainsi que les propriétaires des lieux. Je l'ai mis

58 Comment t'appelles-tu ?
59 Je m'appelle Mélissa.
60 Malissa… quel âge as-tu ?
61 Vingt ans.
62 Vingt ans.
63 Désormais, nous t'appellerons Maly !

entre guillemets, car ce qu'on nomme « contrat » est une feuille blanche raturée. J'ai les clés de la maison en main, y a plus qu'à ! En attendant que la cagnotte décolle (si elle décolle), je dois agir de mon côté et investir. Je ne sais pas trop à quoi je m'attendais. Personne ne croit au projet. J'ai essayé d'augmenter la visibilité de mes publications sur les réseaux en payant les plateformes, de contacter les entreprises près de chez moi en Haute-Savoie, d'envoyer des mails à tous mes contacts. Mais rien, absolument rien !

J'ai laissé tomber mon boulot à *Meexai guesthouse* pour donner un coup de main à CT et au *Viewpoint Resort*. La saison haute a commencé, deux petites mains supplémentaires ne sont pas négligeables même si une Française ne vaut qu'une demi-Lao. En effet, les Lao sont beaucoup plus efficaces et rapides, sauf quand il s'agit de l'organisation. Les Occidentaux ont l'esprit carré, c'est leur formatage. C'est pourquoi j'aide le manager du *Viewpoint Resort* à la réception. Il a vite compris que la cuisine, ce n'était pas mon truc.

Sabou m'a invitée à célébrer le Nouvel An khmu dans son village. Avant de m'y rendre, on m'a acheté une tenue traditionnelle khmu : une jupe tubulaire (le sinh) et une tunique à manches longues sans boutons dont le côté droit est rabattu sur le côté gauche, imprimée de motifs et de couleurs. Les motifs varient en fonction du groupe ethnique. La mère de Sabou m'avait fait une jolie tresse, j'avais un bandana assorti à l'ensemble.

Une fête foraine en guise de festivités : jeux traditionnels comme celui du tir à la canette. En son centre, des dizaines et des dizaines de tables sont positionnées de sorte à former un rectangle, laissant une place pour les danses traditionnelles. Les enfants du village viennent interpréter des danses khmu, lao et hmong. Leurs costumes sont splendides. On a dansé avec les habitants après le repas. La danse traditionnelle (le Lam Vong) est une sorte de ronde où deux partenaires dansent en associant au mouvement de leurs pieds des jeux de mains gracieux. Le corps est droit, guidé par une série de pas courts. Chaque mouvement et chaque geste portent une signification. Cette danse accompagne les paroles d'une chanson folklorique ou le rythme d'un tambour ou d'autres instruments traditionnels.

À tour de rôle, on boit le whisky lao dans la jarre. De longues pailles en bambou y sont plongées, on s'est assis par terre avec les autres et on a aspiré une bonne gorgée d'alcool (c'était la bonne époque). Une suffit tellement c'est fort. Je préfère ne pas penser au nombre de bouches passées par là. Dans un coin se trouve une petite table ronde portant quelques offrandes : des fruits, du sticky rice et des petits gâteaux, comme pour la cérémonie du petit cousin de Sabou. Des dizaines d'hommes et de femmes ont attaché autour de mes poignets des bracelets de petite ficelle blanche, faisant un vœu. J'ai vu dans leur regard qu'ils n'avaient que des mots doux, remplis de bienveillance. Je me suis adonnée au même rituel en français. C'était une journée très enrichissante, immergée dans la culture lao qui me convient de plus en plus.

19 décembre 2018

Luang Prabang

Mon mois de visa arrive à son terme. J'ai dû me rendre à Luang Prabang afin de demander une extension. Tummy est restée avec Chu Thao à CT. Je n'avais pas envie de lui infliger le bus. Je n'obtiens qu'un visa touristique d'un mois qui me coûte une cinquantaine d'euros. Le mois prochain, je renouvellerai ma demande avant d'être obligée de sortir du territoire : faire, par exemple, un aller-retour en Thaïlande ou au Vietnam pour obtenir au retour au Laos un nouveau crédit de trois mois. C'est absurde. Il va falloir que je trouve une solution à long terme.

J'ai rencontré le propriétaire de la maison pour lui remettre le loyer. Incompréhension… il voulait le règlement des cinq ans en une fois. Heureusement, il a accepté que j'en paie seulement deux. Ouf ! Soit 15 000 000 de kips ou beaucoup de zéros !

Je suis allée à *Big Brother Mouse* où j'ai acheté un gros carton de livres d'anglais édités par les membres de l'association : grammaire, vocabulaire et récits traduits en lao. Un des gérants du centre m'a fait une réduction de 20 % et m'a encouragée dans le projet. Ça fait du bien d'être encouragée. Surtout par un Lao. Il m'a invitée à revenir lorsque le projet serait abouti, pour déposer des affiches dans le centre, histoire de faire un peu de pub.

20 décembre 2018

Nong Khiaw

Je pense que je ne me ferai jamais à ces huit heures de bus aller-retour. Il va vraiment falloir que je trouve une solution pour mon visa. J'ai hâte de te retrouver Tummy. Un tuk-tuk me dépose juste devant CT. Hors de question que je fasse la route à pied avec ce gros carton de livres. Chu Thao et sa famille sont là. Ils sont bien occupés avec le restaurant, il y a du monde. Chu Thao fait une drôle de tête. Qu'est-ce qu'il a ?…

– Tummy… she disappeared…[64]

– She what?![65]

– I am sorry, she wasn't here this morning, I think she left during the night.[66]

Ce n'est pas possible, elle n'a pas pu filer. Peut-être qu'elle s'est

64 Tummy… elle a disparu…

65 Elle quoi ?!

66 Je suis désolé, elle n'était pas là ce matin, je pense qu'elle est partie durant la nuit.

sentie abandonnée ? Pourtant je lui avais expliqué que je partais seulement deux jours… la barrière de la langue.

Dix heures déjà qu'elle a disparu. Par où commencer à chercher ? Chu Thao a des caméras installées devant le restaurant, peut-être qu'on aura une piste. En remontant le film, on s'aperçoit qu'aux alentours de 5 heures du matin, elle suit une bande de touristes qui se dirigeaient sûrement au point de vue pour admirer le lever de soleil. Chu Thao fait sur un morceau de papier la description de Tummy en lao. Je me rends sur les lieux, interrogeant chaque villageois et chaque étranger qui croise ma route. Personne ne l'a vue. Le type à l'entrée du point de vue m'affirme avoir reconnu le groupe de touristes, mais Tummy n'est pas montée avec eux. Elle s'est arrêtée en bas. Il dit aussi l'avoir aperçue un peu plus tard en compagnie d'autres jeunes qui habitent dans un village un peu plus loin. Le type propose de m'y emmener. Tummy est bien là, en compagnie d'un couple lao qui essaie de m'embobiner pour me soutirer de l'argent parce qu'ils auraient soi-disant pris soin de Tummy durant mon absence. Tu parles, ils m'ont vue arriver de loin, la petite blanche. D'un côté, je les comprends, quelques billets de mille ne changeraient rien à mon porte-monnaie. Heureusement, le type qui m'a accompagnée a réussi à négocier.

Tu m'as fait une de ces peurs, Tummy… rentrons. Un retour qui s'annonce des plus agités.

25 décembre 2018

Agité, en effet c'est le terme, à en croire les dernières nouvelles : une très bonne et une très mauvaise. Commençons par la bonne. Jessy, le partenaire canadien de Chu Thao, m'a contactée il y a quelques jours pour me remercier de l'aide que je lui avais apportée à l'hôtel. Son manager lui a parlé du projet. Il a envie de me donner un coup de pouce. Il m'a donc offert une chambre au *Viewpoint*

Resort, avec Tummy bien sûr. On peut rester autant qu'on veut. Je vous laisse imaginer la chambre : vue sur tout N.K. avec une chambre à coucher et une salle de bain tout confort. Il dit que c'est sa manière de contribuer au projet et d'après lui mon bien-être est important à toute réussite. Je ne vais pas me faire prier.

La mauvaise, c'est qu'un employé du ministère de la Culture m'a accompagnée chez l'ébéniste du coin pour commander du mobilier scolaire sur mesure. Jusque-là, tout va bien. Sauf que certains détails m'ont échappé lors de la visite de la maison. Toute la toiture est à refaire. Le toit est percé, la maison sera à coup sûr inondée lors de la saison des pluies. De plus, le système électrique ne fonctionne pas. Quelle débutante ! Mais honnêtement, je n'y ai pas prêté attention. Sabou m'a dit que tout était en ordre, je lui ai fait confiance.

Résultats des courses, je me retrouve avec une maison en ruine sur les bras, des tables et des chaises à gogo, toujours pas de salle de classe et un partenaire qui fait le mort depuis plusieurs jours. Joyeux Noël, Mélissa !

11 janvier 2019

Pour continuer sur ma lancée : j'ai appris le départ soudain de Sabou qui doit soigner son cœur malade au Vietnam, car au Laos, l'infrastructure médicale est insuffisante. J'ai su plus tard que, pour payer les frais médicaux, il avait vendu la jolie voiture de son père à laquelle il tenait tant. C'est clairement ce qui m'a fait persévérer. Cette nouvelle m'a dévastée. J'ai voulu m'enfuir en emmenant Tummy. Quand le ministère de l'Éducation a accepté de me laisser une chance de faire quelque chose pour les enfants, je n'ai pas hésité une seule seconde.

Je voulais prouver qu'au-delà de l'âge, de la culture, du statut, chaque personne a la capacité d'agir. J'étais persuadée d'être sur la bonne voie, car je travaillais sur un projet qui me passionnait. « Step by step. »[67] Le « deal » que nous avons passé avec le ministère de l'Éducation consiste à ce que je finance la rénovation du vieux local en bambou derrière l'école.

Les travaux sont limités et faisables assez rapidement. Les fondations sont bonnes, il faudrait uniquement arracher le mur en bambou pour en construire un en dur. Puis changer les tôles du toit, peindre et rafraîchir l'espace pour y aménager une salle de classe. Les frais sont estimés à un peu plus de 800 euros. Il me reste juste assez d'argent pour aménager la salle. Chu Thao a commandé le matériel nécessaire aux travaux et a trouvé une équipe de maçons dans un village proche qui seraient prêts à commencer le chantier prochainement. Il m'est d'une aide précieuse. J'ai le sentiment qu'il croit en moi et au projet.

J'ai peur mais l'expérience est plus importante.

Quand tu reviendras, Sabou, tu seras en bonne santé et N.K. aura vu naître des cours d'anglais. Tu verras.

14 janvier 2019
Luang Prabang

Me revoici à Luang Prabang, espérant pouvoir obtenir un visa volontaire, c'est-à-dire qui soit de plus longue durée qu'un mois. Tummy m'a accompagnée cette fois. La pauvre, elle a été malade tout le trajet. Suite à la rencontre avec Vandy (la professeure d'anglais de N.K.), j'ai eu une sorte d'autorisation pour deux ans du ministère de l'Éducation, mentionnant que mes services étaient indispensables au village. Pas de raison donc que l'immigration me refuse le visa.

Pourtant le service n'a rien voulu savoir et m'a envoyée voir le ministère de l'Éducation à Luang Prabang, qui lui, s'est montré

67 Étape par étape.

compréhensif à propos de ma demande, mais a jugé ma présence et mes actions à N.K. illégales. Je dois tout arrêter. Je désespère. Dès que je fais un pas en avant, je recule de dix.

Le propriétaire de la maison qu'on a louée à N.K. habite Luang Prabang. J'espère que nous arriverons à trouver un terrain d'entente lorsque je vais lui annoncer que je souhaite résilier le contrat. Qu'est-ce que je peux bien faire de cette ruine ? Je doute qu'il accepte de me rendre l'argent. Il m'a vue arriver de loin. Je me suis bien fait rouler. Mais c'est ma faute, je me suis précipitée et j'en ai oublié le discernement.

– I'm sorry, I would like to stop the contract.[68]

Il me répond d'un simple « OK ». Il se lève et revient avec la liasse de billets que je lui avais donnée, puis me la tend. Quoi, c'est tout ? Je me sens toute bête.

Je me suis rendue à *Big Brother Mouse* en espérant y recevoir quelques conseils sur ma situation. Encore une fois, j'ai été bien déçue. L'homme qui m'a reçue était tout sauf déterminé à me donner des conseils, il a refusé même de m'écouter, de prendre les affiches (parlant de notre projet à N.K.) que j'avais préparées à la suite de l'entretien avec un membre de BBM. Quel abruti ! Je ne m'attendais pas à cela : « I was wrong to think that we work on the same purpose. »[69]

Il me répond : « You're just upset because I don't want to help you. »[70]

Franchement, il y a de quoi être « upset »[71] !

68 Je suis désolée, j'aimerais résilier le contrat.
69 J'avais tort de penser qu'on avait le même objectif.
70 Tu es contrariée simplement parce que je ne veux pas t'aider.
71 Contrariée.

J'ai entendu parler d'un coin sympa pour grignoter un petit truc et boire un verre. J'ai besoin de réconfort. Le petit coin de paradis s'appelle *Utopia.* Il y a un monde fou, que des étrangers. Tummy attire l'attention. Des curieux viennent faire connaissance. Je me détends avec quelques bières au coin du feu. Je dois avouer que me retrouver avec des touristes me fait du bien. Ce n'est pas tous les jours facile d'être Maly. Encore une soirée qui s'annonce arrosée. La dernière en date a été mémorable. Cette fois-ci, Tummy est là pour me surveiller.

21 janvier 2019

Nong Khiaw

Mon retour à Nong Khiaw a été plus doux que la fois précédente. Les choses se sont remises dans le bon sens. J'ai rencontré deux personnes importantes : Jessy, le partenaire canadien de Chu Thao qui est fraîchement arrivé sur les lieux, Vath (ທວາດ), un Laotien businessman, propriétaire de plusieurs biens dans Nong Khiaw, dont une agence de trekking, un classique, mais à la différence des autres agences de trekking, elle possède un bar flottant et une immense tyrolienne qui traverse la moitié de la jungle. Cet homme deviendra un véritable ami et un véritable partenaire professionnel. Je lui ai fait part de mon entrevue au ministère de l'Éducation de Luang Prabang, qui, je le rappelle, m'a annoncé mon illégalité. Vath m'a dit de ne pas m'inquiéter, qu'il assure mes arrières. Encore un homme de pouvoir, puisse-t-il être le bon ! De mon côté, je lui donne un coup de pouce dans la promotion de ses réseaux sociaux et dans la création de posters et d'un nouveau logo. J'ai acquis certaines compétences dans ces domaines. Je me suis aussi improvisée photographe spéciale aventurière dans la jungle pour un groupe de touristes israéliens rencontré au *Viewpoint Resort*. Un d'eux est le directeur d'une grosse boîte de communication à Tel-Aviv. Il m'a initiée à la plateforme *Wix*, une plateforme de création de sites internet, beaucoup plus simple et adaptée que la plateforme de e-commerce de Simon. Fini le codage, et bienvenue aux modèles déjà tout faits ! En plus, il a pris avec un drone de jolies vidéos de l'école. Les enfants étaient excités comme des puces et ont joué avec l'engin tout l'après-midi. Une première pour eux.

24 janvier 2019

Les travaux du local de l'école devraient se terminer d'ici une dizaine de jours. Les vacances scolaires ont commencé. C'est le bon moment pour moi de faire un aller-retour en France. Je ne sais pas comment vont se passer les choses une fois la salle de classe ouverte. J'ai besoin de reprendre des forces auprès de ma famille. Chu Thao nous dépose, Tummy et moi, à la station de bus de Nong Khiaw. Direction Luang Prabang. Pas question que je laisse Tummy aux Laotiens. Je ne veux pas prendre le risque qu'il lui arrive quelque chose. Une jeune femme suisse qui vit à Luang Prabang a accepté de prendre soin d'elle le temps de mon séjour en France.

On arrive en retard à la station, le minibus est complet. Le prochain passe dans trois heures, je dois le prendre sinon je vais rater mon avion. Inenvisageable. L'employé du guichet profite de ma situation pour me faire payer le double du prix. Assise sur un petit tabouret en bois, calée entre la porte et une rangée de sièges, une fesse dans le vide, Tummy sur mes genoux, j'ai la haine, je n'ai pas le choix. Mettre ma fierté de côté.

Il est temps de rentrer.

IV
La consolidation

« Ta détermination sera ton alliée. Plus tu t'avanceras vers l'impossible et plus l'impossible reculera. »

11 février 2019

Tummy a la tête posée sur mes genoux, son corps est étendu sur le reste de la banquette, elle dort. Nous sommes les seules passagères à bord du minibus, ce qui nous change de l'aller. La climatisation est activée, les températures ont augmenté depuis mon départ. J'ai les yeux qui se ferment mais j'essaie de les garder ouverts pour m'imprégner du paysage. Le voyage a été long : trois jours, trois avions, les interminables escales du ticket d'avion bon marché (je fais avec les moyens du bord), les tuk-tuk et le minibus pour arriver jusqu'à Nong Khiaw. Le village se mérite !

Je suis chargée comme une mule. Ma valise à l'arrière pèse trois tonnes, elle déborde de livres. J'ai pu en récupérer dans mon ancien collège qui a fait don d'une vingtaine de manuels d'anglais niveau 6e. Mon ancienne professeure d'anglais aimerait par la suite établir un contact entre les élèves de France et du Laos. Ce serait génial.

Je suis aussi allée frapper à la porte de *l'Entraide Internationale des Scouts de la région de Cluses.* Une des fonctions de l'association consiste à récupérer des objets en bon état et à les revendre afin de financer les missions humanitaires en France et à l'étranger (je ne savais pas qu'elle avait un pôle humanitaire, peut-être que le Laos l'intéresserait). La secrétaire est laotienne, ce qui joue en ma faveur, car j'ai eu le droit de récupérer des manuels d'anglais. Je compte sur elle pour présenter le projet auprès de sa direction.

De plus, j'ai commandé des livres sur internet.

Je suis excitée à l'idée de retourner à Nong Khiaw. D'après les news, la salle de classe est terminée. Nous allons pouvoir l'aménager. Jessy nous a chassées de l'hôtel Tummy et moi parce qu'il avait besoin de la chambre. Le retour est rude, je ne sais pas où aller. Je suis vraiment ric-rac.

17 février 2019

Nong Khiaw

Un geste après l'autre, sans précipitation. Sans précipitation, l'immense tapis de brouillard se dissipe pour laisser place au soleil qui ne se lève qu'à midi et vient réchauffer instantanément tout le village.

J'ai embarqué mes affaires, et avec Tummy on a déménagé chez Vath. Une crème. Bon, c'est nettement moins confortable que le *Viewpoint Resort* mais en tant que résidente permanente à N.K., je dois me faire au mode de vie local : dormir sur un bout de matelas à peine plus épais qu'un tapis et recouvert de la fameuse couverture rose fuchsia, à fleurs. Pour la douche, on vient puiser l'eau dans un petit bassin à l'aide d'une casserole en plastique. L'eau est gelée. Il faut prendre la douche en milieu d'après-midi quand le soleil tape le plus et que l'eau froide est presque agréable. Une fois le soleil couché, l'humidité et la fraîcheur reviennent s'installer jusqu'au lendemain midi.

Des étudiants de l'université d'anglais de Luang Prabang viennent faire leur stage de fin d'études chez Vath et certains d'entre eux m'accompagnent pour acheter du matériel scolaire, histoire que je ne me fasse pas avoir. On a aussi placardé des affiches dans les guesthouses et restaurants du village recrutant des volontaires anglophones.

Vandy a fait les inscriptions à l'école. La liste est longue, il y a plus d'une centaine d'élèves qui souhaitent apprendre l'anglais ! On a prévu d'ouvrir la salle de classe le 18 février de 16 h 30 à 19 h 30, après l'école. Quelques volontaires ont déjà répondu « présent » pour m'aider à installer les tables, les chaises et la bibliothèque. Les amis de Vath sont également venus installer les indispensables ventilateurs, l'électricité et ont placé des barreaux aux fenêtres. Surprenant : tous les bureaux de l'école et autres bâtiments municipaux du village en ont.

Des volontaires, dont Kelly, sont prêts à échanger. Kelly a eu un coup de cœur pour le projet et souhaiterait s'investir à long terme. Le métier de prof l'a toujours passionnée.

18 février 2019

Jour J ! Je cours dans tous les sens. J'ai la pression. Je veux que tout soit parfait pour ce premier jour. Il reste encore quelques « trucs » à installer dans la salle avant la venue des élèves, par exemple le tableau. Indispensable dans une salle de classe. Un couple d'Américains et Kelly ont organisé des jeux en anglais. De nombreux élèves potentiels attendent devant la porte. On ouvre, tous se ruent et s'asseyent autour des tables. Je suis seule avec Kelly pour cette première heure, impressionnée par le nombre. Kelly prend les choses en main, aidée par Vandy qui donne les indications en lao.

Les élèves de la deuxième heure sont plus âgés. Les Américains ont organisé un jeu de mimes au cours duquel les enfants mettent leur timidité de côté, pour mon grand plaisir. Je suis dans un coin de la salle, en retrait. J'observe. Mon cœur bat fort. Je tremble. Tummy me tient la main. Je vois chaque sourire l'un après l'autre, j'ai du mal à réaliser ce qui est en train de se passer. Ce que j'ai mis en place patiemment, contre vents et marées, est en train de prendre vie.

5 mars 2019

Kelly a décidé de rester et a emménagé avec nous. Dès lors, je n'avancerai plus seule.

Je donne des cours d'anglais et me sens de plus en plus à l'aise dans l'exercice d'une fonction très inattendue. On compte en général trois volontaires en plus de nous deux et du professeur lao. Les enfants m'appellent « Teacher Maly »[72] ou « Euai »[73]. J'étais à la fois lucide : les après-midi de classe se passaient bien et émue de sentir la complicité entre les élèves et les volontaires. J'avais vécu à Bali

72 Professeur Maly.
73 Grande sœur, en laotien.

des moments intenses, à N.K., je retrouvais la même sensation, au contact d'élèves très enthousiastes et d'un apprentissage bien éloigné de celui qui épuisait mon enfance.

Les après-midi d'anglais sont de véritables moments de bonheur, de lien et de partage que nous attendons chaque jour avec hâte.

Les enfants sont si gentils, respectueux et attentifs. Rien à voir avec ceux de chez nous. Ils viennent de leur plein gré, tous les jours, après leur journée de classe. C'est intimidant d'avoir une trentaine d'élèves assis en face de soi, impatients d'apprendre. On essaie de mettre la barre haut, de varier entre jeux et leçons pour éviter l'ennui. Malgré tous les livres que l'on a récupérés, on manque de supports et d'expérience. Ce n'est pas facile de créer des leçons, il faudrait un vrai programme de cours. Je constate qu'on ne s'improvise pas prof.

Pour preuve. On a mis un film qui était censé faire plaisir aux enfants. En France quand la prof nous passait un film, c'était la fête. À N.K., les enfants ont poliment regardé. Lorsqu'on leur a demandé s'ils avaient apprécié, ils ont répondu : « We want to learn. »[74] Regarder la télé ne correspondait pas à leurs attentes. Le souvenir de leurs mots me donne encore des frissons.

Désormais, on sait, on garde la télé pour le week-end.

Dès la première semaine, on a ouvert la classe le samedi pour les élèves volontaires, journée consacrée aux activités. On s'est vite rendu compte qu'ils étaient actifs et créatifs. Alors on les a laissés s'exprimer en mettant à leur disposition du matériel : ils réalisaient de magnifiques fresques au feutre sur du papier d'écorce de mûrier acheté à Luang Prabang – ils adorent ce papier fait de vraies fleurs séchées –, de superbes origamis tels qu'on n'en a jamais vu auparavant. On apprenait autant qu'on leur donnait. Vu leur habileté, on a eu l'idée de créer des petits paquets de paille de bambou, de glisser

74 On veut apprendre.

un de leurs petits dessins à l'intérieur. Le but était de les vendre. Le bambou est ramassé dans la jungle, découpé et traité par un couple qui habite à côté de l'école et qui est ravi de participer au projet. L'emballage est en feuille de bananier, le pliage demande de la minutie. Jessy expose les objets dans son hôtel.

Les enfants ont aussi peint les murs de la salle de classe. Le seul hic est que l'atelier peinture s'est déplacé à l'extérieur. La direction de l'école publique étant très à cheval sur les normes, les écoliers volontaires ont peint le dimanche. Si discrètement que personne n'a rien vu.

Il y a un jeu que les enfants affectionnent beaucoup : le devinetête, on peut y jouer pendant des heures. J'ai très récemment compris qu'ils trichaient et se donnaient les réponses en lao, petits malins !

Ma reconversion en directrice d'une pseudo-école d'anglais m'a contrainte à adopter une position ferme dont je m'étonne, elle est le contrepoint de celle de Kelly et permet de trouver une certaine stabilité « professionnelle ». Parfois, les vieux démons me reprennent : mon aptitude à garder mon sang-froid a ses limites.

Je n'ai pas décollé le nez de l'ordinateur de la soirée. Je m'impatiente à l'idée de finir le site internet de l'association. Kelly me force alors à une activité détente autour d'une bière. Elle me tend une feuille et sa jolie boîte de crayons de couleur, tous parfaitement taillés et rangés. Tiens, je ne connaissais pas cet aspect de sa personnalité. « Fais-toi plaisir ! », me dit-elle.

Je ne sais pas dessiner.

« Laisse parler ton imagination. »

Je me lance alors dans le dessin du pont de N.K., des bungalows au bord de la rivière, de la jungle et des montagnes en arrière-plan. Je savoure ce moment de calme intérieur en la compagnie de Kelly et de Tummy qui s'est endormie sur mes genoux.

11 mars 2019

Le jour de mon anniversaire, un jour qui devait être comme les autres, mais l'amour et la bienveillance de ceux qui m'entourent en ont fait une journée exceptionnelle. Gâteaux, chansons, cadeaux, fête organisée pour moi alors que j'étais restée discrète. Comment avaient-ils su ?

Jamais en France on ne m'avait fait pareille fête. J'ai en moi ce moment inoubliable, je le garde, je le magnifie, il m'aide.

Nouvelle rencontre importante. Pinkeo (ປິ່ນແກ້ວ) vient d'emménager à N.K. en compagnie de ses sœurs. Son objectif : ouvrir un restaurant, *Family Bakery*. Pinkeo, c'est la version fille de Vath. Business girl dans la peau. Elle a appris la pâtisserie, française en particulier, lorsqu'elle travaillait à Luang Prabang.

De la pâtisserie à la cuisine, il n'y a qu'un pas. Son restaurant est plein tous les jours. La cuisine française manque cruellement aux Français en voyage. Plus de 50 % des touristes qui parcourent le Laos sont Français. Tu as trouvé le bon plan, Pin ! Avec Tummy, on vient régulièrement retrouver les filles pour manger un délicieux Khao Soi[75] et regarder des séries thaïes qui n'existent pas en lao, les livres, eux aussi, sont en thaïlandais. C'est assez étonnant. Tous les Laotiens parlent donc le thaï, le lao[76] et la langue de leur tribu[77]. La famille de Pin est lao, ce qui m'oblige à pratiquer la langue.

15 mars 2019

J'ai baptisé l'école : *NK English School,* ça sonne bien, NK comme Nong Khiaw. Au vu du nombre d'élèves, nous avons créé quatre groupes : le premier (- 10 ans) se retrouve à 15 h 30, le deuxième (10-12 ans) à 16 h 30, le troisième (13-15 ans) à 17 h 30 et le dernier (16-18 ans) à 18 h 30. Les enfants veulent un lieu d'échanges et de vrais cours d'anglais avec de vraies leçons. Le volontariat prend très vite par le bouche-à-oreille. J'ai embauché trois professeurs de l'école publique pour assister les volontaires pendant les cours, ils viennent à tour de rôle dans la semaine. Tee (ຕີ) un des étudiants de Vath (en stage dans son agence de trekking) se joint aux cours tous les jours après son travail à l'agence. Il progresse de jour en jour et prend parfois la place des professeurs qui, en plus d'avoir un niveau d'anglais très moyen, manquent de sérieux et d'implication. De mon point de vue d'Occidentale bien sûr, en y regardant de plus près, de tout point de vue.

Au Laos, utiliser son téléphone ou arriver en retard est normal.

Il est normal aussi que B., le professeur d'anglais, joue à la pétanque dans la cour, arrive en classe avec une heure de retard, ivre, un verre de bière à la main : « Bopenyang. »[78]

J'ai vite compris que quand un Laotien te dit de ne pas t'inquié-

75 Plat de nouilles au lait de coco.
76 La langue officielle.
77 Hmong ou khmu.
78 Pas de souci, en lao.

ter, il est urgent de t'inquiéter. Les bières ont eu raison de ma patience d'Occidentale énervée. J'ai demandé à B. de nous quitter mais, bien vite, je suis revenue sur ma décision. Mon naturel gentil revient au galop.

Lors de la célébration de la journée de la femme (Women's Day[79]), jour férié au Laos, les professeurs ont fermé l'école et ont fait la fête dans la cour. Une semaine… nous n'y pouvions rien.

Les élèves ne sont pas surpris que les cours s'annulent à la dernière minute, pour je ne sais quelle raison.

Au Laos, les mères sont autorisées à rester en classe avec leurs enfants. Vandy laisse volontiers son fils faire du bruit et déranger la classe. Tee m'a confié que ce comportement l'agaçait beaucoup aussi, qu'il l'avait subi à l'école.

Les mères sont si attachées à leur progéniture qu'elles ont du mal à les abandonner, pour elles, la famille est essentielle, plus importante que le travail. Cette façon d'être, éloignée de l'Occident, me plaît, malgré tout.

18 mars 2019
Luang Prabang

Comme tous les mois, opération visa à Luang Prabang. Des volontaires se sont proposés pour faire cours pendant notre absence. Je n'étais pas très sereine à l'idée de laisser mon « bébé » aux mains d'inconnus. Mais Kelly m'a convaincue d'apprendre à déléguer.

Je ne passe plus inaperçue aux yeux de l'immigration, après mes nombreux va-et-vient.

Le ministère de l'Éducation de Luang Prabang, défavorable à la création de l'école, a dû parler au ministère de l'Immigration, car il m'a assommée de questions. Paniquée, j'ai téléphoné à Vath, qui a momentanément tout réglé. La sentence est tombée un peu plus

79 La journée de la Femme.

tard. On nous a informés que nous pourrions poursuivre seulement et seulement si nous obtenions une licence du ministère de l'Éducation du district de Muang Ngoi. Cette nouvelle a fait jaser certains envieux soulignant que nous n'obtiendrions jamais la validation. Qu'ils ne parlent pas trop vite, je suis sûre que notre Vath a les choses en main !

Les nouvelles vont vite dans le pays. Autre preuve, une Laotienne de Vientiane a entendu parler du projet et m'a proposé de faire construire une école sur un terrain qu'elle possède à N.K. J'ai été très flattée par sa proposition mais j'ai vite repris mes esprits, j'ai dit qu'on y allait « step by step ».

28 mars 2019
Nong Khiaw

Malgré les vives injonctions du ministère, déterminée, soutenue par Vath et les autorités de N.K., je décidai de continuer. Je suis consciente que j'agis dans l'illégalité et que je risque l'expulsion du pays mais au-delà de la « sanction », ce serait pour moi une catastrophe d'abandonner la partie.

Le nouveau site internet, spécialement dédié au projet, est terminé. J'ai gardé le logo initial, ai ajouté le nom de l'école en gros. J'ai créé une rubrique *volontariat* et nous ai inscrits sur la plateforme *Workaway* (une version plus moderne de *Helpx*) afin de recruter des volontaires qui s'installeraient un certain temps. Ce serait plus aisé pour le suivi des cours et leur organisation. J'ai eu de nombreux messages, des touristes prêts à s'impliquer quelques semaines. C'est dingue, cet engouement ! La majorité viendrait pour les cours d'anglais, d'autres préféreraient s'investir dans la communication sur les réseaux, la recherche de fonds, les photos et montages vidéo.

Avec Tummy, on a déménagé chez Pinkeo. Kelly est restée chez Vath.

Vath est d'accord pour accueillir certains volontaires chez lui en attendant que l'on trouve une solution pérenne pour le logement. Jessy a également proposé des chambres à prix très réduit.

Mon emménagement chez Pinkeo a contrarié les autorités du village. Nous avons dû dire que j'habitais chez Vath, que j'avais simplement délogé mes affaires pour faire de la place aux volontaires. À ma surprise, la police m'a demandé de payer une sorte de taxe d'habitation chaque mois puisque dorénavant je vivais à Nong Khiaw. Les locaux surtout sont corrompus. Pinkeo m'a expliqué que la police vient souvent lui demander de l'argent sans raison, cela s'appelle du racket. Je crois qu'elle ne supporte pas le commerce florissant de la nouvelle résidente. La vie n'est pas facile quand on n'a pas dans sa manche les bonnes personnes. J'ai de la chance d'avoir Vath. D'ailleurs, vous vous en doutez bien, monsieur a su nous obtenir la licence de la part du ministère de l'Éducation du district de Muang Ngoi. Quel soulagement ! Il m'a annoncé la nouvelle lorsqu'il me faisait découvrir la marijuana qu'il avait dénichée chez un type du village, il propose aussi des mushroom shakes[80] et d'autres substances.

D'après Vath, Kelly se fournit régulièrement chez le dealer. La police en a été informée par le dealer en personne. Étonnant, mais pas tant que cela. La délation et son corollaire, la corruption, sont un véritable fléau dans la société laotienne. Je vais devoir me montrer stricte avec Kelly. Son imprudence peut nous coûter l'école. Tout ne tient qu'à un fil. Vath, ne nous lâche pas, je t'en prie.

9 avril 2019

Dernière heure de cours. Il y a une tempête épouvantable à l'extérieur. Je crains que le toit en tôle s'envole. On a fermé les volets et la porte à clé mais le vent continue d'entrer dans la classe. L'électricité a

80 Boissons aux champignons hallucinogènes.

sauté, on s'éclaire avec le flash du téléphone. Les pannes de courant se produisent presque tous les jours, on s'habitue.

L'école va faire une pause pendant deux semaines pour célébrer le Nouvel An lao (Pee Maï).

La première semaine, tout le monde se retrouve dans les rues pour une bataille d'eau géante. Il y a également, dans chaque district, des défilés d'éléphants, un lâcher de lanternes et une course de pirogues. Une dizaine de volontaires était installée à NK English School depuis quelque temps, de toute évidence un groupe était né, comme si on s'était toujours connus. Bien que l'équilibre soit fragilisé par l'humeur changeante de Jessy qui, du jour au lendemain, somme les volontaires de trouver un nouveau logement, le groupe tient.

C'était important pour moi que tout le monde se sente à l'aise et libre de partager ses idées. Je voulais un projet commun, que mon projet initial devienne « notre projet ». Nos affinités nous ont donné des ailes. L'évolution a été bénéfique aux enfants, à l'école, à l'association aussi. Chaque matin, on se retrouvait dans le restaurant de Pin pour envisager de nouvelles leçons et activités. On choisissait un thème : les animaux, les fruits, les couleurs, dans l'insouciance et la bonne humeur, motivés par l'appétit d'apprendre des enfants. Peu à peu, gagnée par la confiance, je m'écartais de cette tâche de préparation et m'absentais aussi pendant les heures de cours pour me consacrer à d'autres besognes. Je venais de louer un scooter, les allers-retours entre l'école et le village se faisaient en un rien de temps. Je pouvais presque être partout à la fois. Tummy adore le scooter, assise entre mes jambes, avachie sur le guidon, avalant un bon bol d'air frais.

Tummy, c'est la mascotte. Tout le monde l'adore.

J'ai tourné avec un groupe de volontaires deux vidéos. Une est un « teaser » vidéo montrant des images de l'école et des élèves, ressemblant à une bande-annonce. L'autre est plus longue, elle est une succession d'interviews des villageois, des volontaires et de moi-même. Parler devant une caméra me terrifie. On a dû faire une vingtaine de prises avant d'en garder une sur laquelle j'ai ce regard gêné.

On a pris aussi une vidéo drone de la cour : tout le monde s'est positionné de façon à écrire NK English School. La direction se servait du haut-parleur pour donner des indications de positionnement aux élèves. Ce n'était pas une mince affaire !

L'interview des élèves et villageois m'a fait prendre conscience du travail que j'avais accompli. Tous m'exprimaient leur reconnaissance avec franchise.

Les Laotiens sont d'une nature réservée mais quand ils aiment, ils accueillent à bras grands ouverts. Les volontaires peuvent en parler. Pinkeo nous prépare régulièrement le fameux Khao Soi, très apprécié, Vath, des barbecues sur son bar flottant, Jessy, des petits cocktails autour d'un feu de camp. Mama Alex, propriétaire d'un petit restaurant, nous cuisine des plats aussi généreux qu'elle.

Après avoir enfin récolté des fonds – plus de 1 000 euros – grâce à la cagnotte en ligne, j'ai pu louer des logements dédiés aux volontaires. C'est fou ce qu'on peut arriver à faire ensemble quand on y croit. J'étais heureuse de partager avec les volontaires la signature du bail pour un an. Ils étaient tous aussi sidérés que moi lors de ma première location par la feuille à carreaux gribouillée. On a bien rigolé. Les propriétaires sont de bons amis de Pinkeo qui nous a déniché ces petits bungalows. Il y en a quatre au total. Avec l'argent qui reste, j'ai négocié une cuisine extérieure.

La gentillesse et la bienveillance des bénévoles qui se sont impliqués m'ont redonné confiance. Des jeunes de mon âge m'ont manifesté leur admiration. Jamais ils n'auraient été capables d'une telle entreprise, désormais, ils considéraient que tout pouvait s'envisager. D'autres plus âgés me félicitaient, disant qu'à mon âge, ils n'avaient pas ma maturité et qu'ils ne pensaient qu'à s'amuser.

Je ne me sens pas digne de recevoir tous ces compliments mais au-delà de satisfaire ma petite personne, ils me touchent au cœur et me poussent à foncer.

10 avril 2019

Pour fêter le Nouvel An lao, un des employés du *Viewpoint Resort* participe à la course de pirogues à Nong Khiaw. Il court avec une vingtaine de coéquipiers pour le village de Sophoun. Jessy, leur partenaire, adore la compétition, ils ont compris qu'ils avaient intérêt à gagner. Ils sont plutôt confiants face aux quinze autres pirogues mais craignent la pirogue du village de Nambark. Apparemment bien meilleure que toutes, plus légère et plus rapide.

Jessy peut accepter la deuxième place, mais pas au-delà !

La course se déroule près de l'école devenue le centre des festivités. La fête foraine est installée dans la cour. Des stands de pistolets à eau de tous les côtés, des bières et des tables de jeu. Je crois que les Lao sont friands des batailles d'eau. Volontaires et élèves, le sourire jusqu'aux oreilles, s'en donnent à cœur joie ! On croise Pinkeo qui nous invite à boire des bières dans son restaurant fermé. Ses amis sont là pour faire la fête, la propriétaire des bungalows, en particulier, est bien éméchée. C'est drôle de la voir dans cet état, elle si sérieuse. Elle me prend dans ses bras et me sert un verre de bière. Allez, « Niok mot ! ».

14 avril 2019

Luang Prabang

Les rues sont barrées, on est condamnés à boire la tasse jusqu'au soir. Cela fait déjà deux jours qu'une bataille d'eau interminable a immobilisé la ville de Luang Prabang tout entière. Laotiens et étrangers, adultes, enfants, tous partagent ce moment d'amusement. Des pick-up font le tour de la ville avec de gros bidons d'eau et éclaboussent la foule sur leur passage. Refroidissant : un grand seau d'eau glacée dans la figure. Parce que des petites canailles y ont ajouté des glaçons. Les plus courageux s'élancent dans la foule avec leur pistolet à eau. Nous en sommes. On s'affronte au milieu d'une intersection, en face de la guesthouse (*Mojo hostel*) où nous logeons. Ce qui nous laisse le temps de voir nos adversaires arriver et de nous ravitailler en eau et en bière. Les hostilités donnent soif.

John (ຈ໋ອນ), le gérant de la guesthouse, s'est également pris au jeu. Au grand désespoir de sa femme, Pew (ຜິວ), qui se retrouve embarquée malgré elle. « Pew » en laotien veut dire « peau ». Ce prénom lui va comme un gant. Pew passe des heures à se tartiner de la crème éclaircissante sur la peau. Elle veut avoir la peau blanche, comme nous.

Ils sont très jeunes et ont déjà d'importantes responsabilités. Pani (ປານີ), leur petite fille est une vraie guerrière. Peur de rien. Elle reste immobile au milieu de sa petite piscine gonflable posée sur le trottoir, prête à sauter sur quiconque osera s'aventurer sur son chemin. Elle a essayé d'embarquer Tummy qui préfère rester en retrait. Madame n'aime pas l'eau. Mais vu que c'est la mascotte, sa présence est indispensable.

20 avril 2019
Pak Chek

Avant de retourner à N.K., on fait un petit crochet par le village d'enfance de Pinkeo. Sa mère vit encore là-bas avec quelques-unes de ses sœurs. Elles organisent un baci[81] pour le Nouvel An lao. Un

81 Cérémonie.

tuk-tuk nous a emmenées, Tummy et moi, jusqu'au village, situé après le barrage.

Le baci a déjà commencé. On s'installe par terre au côté de Pin et de sa mère. On se met des bracelets en tissu autour du poignet comme le veut le rituel, on boit un shot de lao lao[82] chacun son tour. Tout le monde trempe ses lèvres dans le verre, chaque passage me tord un peu plus le ventre. Les plats arrivent et sont alignés sur le tapis. On s'installe autour. Je bredouille quelques mots en lao. Ce n'est pas encore ça. Heureusement que Pin est là pour la traduction. C'est l'heure de danser. Les musiques traditionnelles se succèdent. À force, je finis par les connaître. Les fêtes sont fréquentes et je n'en suis pas à ma première ! La famille de Pinkeo, surprise de me voir enchaîner les pas, se lève pour m'accompagner.

Le soleil commence à se coucher. On suit Pinkeo jusqu'à la rivière. La moitié du village s'y retrouve pour prendre son bain. D'autres font la lessive. Pin nous tend un petit carré de plastique qui contient du shampoing. On garde ses vêtements pour se laver. Les Lao sont trop pudiques pour se dévêtir. Je fais de même, on ne sait pas sur quelle bête on peut tomber dans cette eau trouble. Le ciel s'assombrit, la nuit arrive très vite. Face à nous, les montagnes au crépuscule se dissipent peu à peu dans le noir. Tummy s'est laissé entraîner par la douceur du moment, le corps tout entier dans l'eau, elle se délecte. Plus moyen de la faire sortir.

22 avril 2019
Nong Khiaw

Quelques élèves attendent devant la porte de la classe. J'ai pris de l'avance, Tummy à mes côtés, afin de rafraîchir la classe avant le début des cours. La classe est restée muette pendant deux semaines, des toiles d'araignées se sont installées et le sable a recouvert le sol et les tables.

82 Vodka locale.

Tee et Kelly accompagnent les nouveaux volontaires : un petit groupe de Français rencontrés à Luang Prabang lors du Nouvel An lao. Les précédents ont repris la route. J'espère que je vais me faire aux « au revoir » avec le temps. Si je suis effondrée à chaque départ de volontaires, je ne suis pas rendue !

Ces va-et-vient sont déstabilisants et nuisent à l'équilibre de l'école. Je croyais qu'une dynamique s'était créée, je m'en réjouissais. J'avais oublié que les gens de passage ne sont pas destinés à s'enraciner. Ils sont partis et il faut tout reprendre à zéro. Malgré mon adaptabilité et la bonne volonté de chacun, je cède au découragement et à la fatigue.

La relation avec les professeurs qui assistent les cours est de plus en plus difficile et rend l'atmosphère pesante. Malheureusement, je ne peux me passer de leurs services. On a un « deal » avec le ministère de l'Éducation de N.K. : le droit d'enseigner l'anglais, certes, mais sous la surveillance et le soutien de professeurs de l'école publique, rémunérés pour leurs services. Je conçois la méfiance des autorités, l'accord passé est un frein.

L'annonce de la reprise des cours a été communiquée tardivement, alors la moitié des élèves seulement est présente. On a préparé une liste de jeux pour se remettre dans le bain. Les profils des volontaires sont hétérogènes, aucun d'entre eux n'a d'expérience dans l'enseignement ou avec les enfants. Mis à part Maéva, une trentenaire qui a décidé de partir à l'aventure seule en Asie. Besoin de couper. Comme nous tous, elle s'est laissé prendre par la magie du Laos.

29 avril 2019

Les autorités se montrent de plus en plus enquiquinantes. Le flux de volontaires augmente, les allées et venues leur déplaisent. Bien que Vath arrive toujours à les brosser dans le sens du poil, il m'a avertie que la location des bungalows au nom de l'association causerait quelques ennuis. Il jugeait préférable de louer officieusement sa maison pour loger les volontaires, il oubliait que les travaux d'aménagement seraient trop coûteux. Le terrain à l'arrière de sa maison est en train de s'écrouler, ce qui a cassé une partie du mur et fait entrer la boue. Merci du cadeau !

Les autorités me demandent de leur fournir une photocopie de tout passeport, visa, et la date d'arrivée et de départ de chaque volontaire. Leurs représentants nous rendent régulièrement visite aux bungalows. Apparemment, il y a même des personnes qui nous espionnent à l'école. Je suis obligée de constater qu'on dérange.

La cagnotte s'essouffle. Héberger les volontaires à nos frais a ses limites. J'ai pris l'habitude de vivre de façon spartiate et n'avais pas vu jusque-là que nos recrues manquaient de confort. Les étrangers jeunes ou moins jeunes ont des exigences auxquelles les bungalows ne répondent pas tout à fait : des toilettes cassées, des pommeaux de douche endommagés, des lits boiteux avec des matelas miteux. Les chambres n'étant pas habitées depuis longtemps, le matériel s'est dégradé et la saleté s'est accumulée. Je ne savais pas qu'un ventilateur pouvait être aussi crasseux. Les lieux ont besoin d'un bon coup de baguette magique.

Le petit abri pour la cuisine a été construit. On a pu l'équiper en fonction des propositions de chacun (frigo, wok, ustensiles de cuisine, armoire à rangement, table, bancs). L'eau et l'électricité ont été mises. Le « site volontaire » prend forme, bien qu'il y ait encore à faire.

Je sens parfois une baisse de motivation de la part des volontaires à cause des conditions de logement, d'enseignement, de la chaleur. Le village n'a pas trouvé mieux que couper l'eau et l'électricité durant une semaine. La salle de bain s'est donc déplacée dans la rivière. Impossible de tenir plus de deux heures sans prendre une douche, heureusement que l'eau potable est livrée par des pick-up dans de gros bidons. Les ventilateurs étant en mode OFF, nous sommes sortis pour faire cours. Même s'il fait chaud, nous mangeons chaud ! Un après-midi, nous avons opté pour une activité crêpes. Pinkeo s'est occupée de la cuisson dans le pot en terre cuite, ce qui demande une certaine maîtrise pour ne pas tout faire brûler.

Les Lao ne s'abstiennent pas de se couvrir les bras et les jambes malgré les hautes températures. Les parapluies ont eux aussi pour fonction de se protéger du soleil.

3 mai 2019

Vietnam, Cửa Khẩu Tây Trang : Frontière Viet-Lao

Kelly et Tee gèrent l'école avec les volontaires pendant ma virée au Vietnam. Ma Tummy est restée avec eux.

Je pouvais encore prolonger d'un mois mon visa à Luang Prabang mais comme l'école ferme fin mai pour les grandes vacances, j'ai préféré le renouveler un mois en avance.

Je croyais avoir réussi à amadouer le douanier grâce à notre conversation en lao, mais que dalle ! Je me suis fait escroquer. J'en ai assez de ces profiteurs. Ils inventent une série de taxes à payer, et si tu refuses, c'est simple, tu ne passes pas la frontière. J'ai entendu dire que des touristes ont réussi à négocier avec les douaniers le passage gratuit d'une frontière au sud, après plus d'une heure de palabres. Je n'ai pas l'énergie pour l'exercice ! Je m'inflige déjà deux jours de bus fou : à chaque virage, je crois mourir. C'est de loin le plus terrible trajet que j'ai fait jusque-là.

Pause : tout le monde se presse... pour aller vomir. Ma voisine de siège a couru du fond du bus jusqu'aux toilettes d'où elle ressort livide. Je lui demande si elle se sent mieux.

« Nid noii »[83], me répond-elle en thaïlandais, elle est thaïe. On rit. On arrive à se comprendre à peu près et même à tenir une courte conversation. Tous les Lao parlent le thaï mais les Thaï ne parlent pas le lao. Aucun intérêt pour eux. Elle me confie que les Thaïlandais ont des préjugés à l'égard des Lao qu'ils considèrent comme incultes et ignorants. Cela à cause de la difficulté du pays à se développer économiquement.

On remonte dans le bus, encore neuf heures de route jusqu'à Luang Prabang. On va tous devoir prendre notre mal en patience. Les écouteurs aux oreilles, je me plonge dans ma bulle, le regard vague sur le défilé de kilomètres de jungle. Le temps s'est ralenti.

---

83 Un petit peu.

4 mai 2019

Laos, Luang Prabang

« He's here! »[84] nous dit le chauffeur de tuk-tuk en pointant un homme tatoué devant la maison. Rien à voir avec un salon de tatouage, le « lao style » me plaît. Maéva, que j'ai rencontrée fin avril, s'avance vers le type, ils se connaissent. Elle est déjà venue. Il nous met à l'aise tout de suite avec un verre de bière. L'endroit est minimaliste. Derrière un rideau, il y a un matelas posé au sol sur lequel dorment sa femme et sa fille. Sur tous les murs, des croquis et photos de tatouages. Où sommes-nous ? Quelques malheureuses chaises en plastique. Je m'assieds. Après quelques instants, tout est prêt. Il branche l'appareil. Ensemble, nous levons notre deuxième verre de bière (peut-être bien plus pour lui) : « Niok mot ! » Il ressert puis commence à m'entailler le bras. Léger picotement. On accompagne d'un mouvement de tête Maéva qui chantonne « Don't worry, be happy » en balançant tout son corps. Le sourire aux lèvres, je kiffe. Quelques minutes plus tard, c'est déjà fini. « Jao mak bo ? »[85] me dit le tatoueur.

« Mak lai lai »[86] lui répondis-je en admirant mon nouveau tatouage : ເປັນໄປທີລະຂັນຕອນ.

« Step by step » : c'est la leçon que je retiendrai de mon expérience au Laos. La prochaine fois on écrit « bopenyang »[87], Maéva rit. Vendu ! Le tatouage me permet d'avoir le pays dans la peau. Partout où je passe, je garde une trace.

Maéva est partie du côté de l'immigration pour étendre son visa. Moi, je file à l'aéroport en tuk-tuk. Je vais arriver à l'heure. Ma

84 Il est là !
85 Tu aimes ?
86 J'aime beaucoup.
87 Pas de souci.

grand-mère me rend visite. Je viens de réaliser. J'ai tellement la tête ailleurs. Hâte de lui montrer le village, l'école, de lui présenter les enfants, Tummy, Vath, Pin, Tee... tout le monde.

Je la vois au loin. Je cours vers elle et lui saute dans les bras. Elle m'embrasse, les larmes aux yeux. Je la regarde, qu'elle est belle. Deux mains viennent interrompre nos embrassades, je n'y vois plus rien. Elles me serrent et ne me lâchent pas. Je me retourne. C'est papa. Je suis en plein rêve.

La chaleur s'empare de tout mon corps raide. Je plane. Le poids dans mon ventre se libère. Je respire enfin. Le corset trop serré qui m'étreignait se dénoue. Je suis heureuse. Désormais tenue par l'amour de mes proches.

6 mai 2019

Nong Khiaw

Si on m'avait dit il y a quelques mois que quatre personnes peuvent tenir sur un scooter, je ne l'aurais pas cru. Je suis arrivée au Laos et la preuve en est : femme, mari, enfants, poules. Tous embarqués.

Mais si on m'avait dit qu'un jour ces quatre personnes seraient ma famille, je me serais dit : « No way! »[88]

Mais nous y sommes : mamy, papa, Tummy et moi en guise de pilote. Traversant le pont de N.K., la bouche ouverte, éberlués par ce moment et par la beauté des lieux.

On se gare devant le restaurant de Pin. Tous les volontaires, anciens et nouveaux arrivés sont là, assis autour d'une table. Je fais les présentations. Pinkeo est comme une puce, ravie de faire la connaissance de ma famille. Elle nous offre un café et des croissants. J'avais évoqué l'ancienne vocation de pâtissier de mon père qui ne l'avait pas laissée indifférente. Je pense qu'ils ont des choses à se dire sur la pâtisserie.

88 Y a pas moyen !

Quant à moi, j'ai du boulot. Les volontaires me font part de leurs idées concernant la fête de fin d'année que nous aimerions organiser avec les élèves. Tee m'annonce que l'école publique est d'accord pour nous laisser la cour. Les enfants ont choisi plusieurs chansons qu'ils souhaiteraient interpréter : *One call away* de Charlie Puth pour les plus jeunes, *Imagine* de John Lennon *et Young Dumb and Broke* de Khalid pour les ados. Et peut-être même un duo sur *See you again* de Wiz Khalifa. Cette fin d'année va être du tonnerre.

Maéva a commencé à apprendre la chorégraphie de *Panama song*, musique phare au Laos en ce moment. Les enfants aimeraient qu'on la danse tous ensemble l'après-midi du 25 mai, jour de la fête.

Il y aura d'abord les chants et la « choré ». Les familles des enfants, les membres de l'école et du ministère de l'Éducation seront invités à assister au spectacle.

Ensuite, les enfants pourront profiter des stands de jeux entièrement fabriqués : comme le chamboule-tout, le tir à la corde, la course en sacs-poubelle, la pêche aux canards. Pour terminer la journée en beauté, nous partagerons un énorme goûter. Pin est d'accord pour nous prêter ses fourneaux pour préparer les gâteaux.

En résumé, nous avons du boulot.

Ma grand-mère et mon père m'accompagnent à l'école. Je suis excitée et j'angoisse à l'idée de leur montrer ce que j'ai entrepris au Laos, qu'ils ont mis du temps à comprendre. Une aventure si lointaine pour une si jeune fille.

Ils ne passent pas inaperçus aux yeux des élèves. Surtout ma grand-mère qui a eu droit à nombre de câlins et de jolis dessins. Les anciens sont très respectés. Je l'ai sentie émue. Quant à mon père, comme à son habitude, par pudeur il était en retrait.

Les volontaires distribuent à chaque élève les paroles des chansons. On répète, le « smile »[89] aux lèvres, des étoiles dans les yeux. Tee mène la danse avec sa guitare. D'autres jeunes « virtuoses » l'accompagnent. Le chœur que nous formons fait résonner les paroles d'*Imagine* comme une évidence. Mon père s'est pris au jeu, il s'est emparé des paroles, s'est placé au milieu des élèves. Pleurait-il ou était-ce moi qui avais les yeux brouillés ?

9 mai 2019

Les autorités ont pris connaissance de notre mise en scène avec Pinkeo, à savoir qu'elle m'héberge. Elle m'a donc demandé de partir, elle ne veut pas avoir d'ennuis. Je comprends. J'aimerais bien avoir mon chez-moi. Loger dans un bungalow n'est pas une bonne idée. J'ai besoin de mettre des limites entre vie professionnelle et vie personnelle. Une connaissance de Pinkeo loue une maison en dur, située près du quartier d'affaires de Nong Khiaw. Le chemin pour y accéder est très étroit. La façade blanche de la maison est couverte de poussière et de saleté. Le jardin est rempli de plants de citronnelle et de fourmis rouges. Difficile de ne pas se faire piquer les pieds en claquettes. Le propriétaire est d'accord pour venir déloger les nids dans les arbres et enlever la mauvaise herbe. Excellente nouvelle. Intérieur local, rudimentaire. L'électricité et l'eau fonctionnent. J'hérite du combo bassine-casserole. Je suis ravie. J'éprouve un certain plaisir à voir la tête de mes proches à qui je suis en train de faire visiter ma future maison.

Au grand désespoir de ma famille, j'opte pour un confort local. Matelas par terre, bassine-casserole pour la douche, table ronde traditionnelle à ras le sol, un wok, un cuiseur à riz. Pas de réfrigérateur pour le moment. Une grande armoire pour ranger mes habits. Je reste française, tout de même. Ma grand-mère ne conçoit pas que je

89 Sourire.

puisse vivre de façon aussi spartiate. Elle aurait acheté tout ce qu'on pouvait trouver d'accessoires dans les magasins chinois.

Je ne peux pas dire que notre fête de fin d'année fasse l'unanimité. Vandy témoigne de l'incompréhension de certains parents qui ne voient pas l'utilité de chanter. De plus, l'école publique est contre le fait de danser autre chose que du lao traditionnel. Vandy est sceptique, d'après elle aucune famille ne viendra au spectacle, ce n'est pas dans l'habitude des Lao de participer à ce genre d'événement. Elle m'affirme qu'on aurait plus intérêt à proposer un déjeuner et de la bière. Elle a insisté sur la bière.

Il est hors de question que l'association paie une cuite à tout le village.

Vath a invité toute l'équipe sur son bar flottant pour un après-midi baignade-bières. La parfaite paire vu la chaleur. Quelques élèves du groupe d'ados sont présents avec leur guitare, ils répètent les chansons avec Tee. Vath a branché le micro. Malgré l'avis défavorable de l'école publique concernant la « choré », rien ne nous empêche de danser et de nous en donner à cœur joie. Nous remuons dans tous les sens, le bar tangue.

Au sommet d'un arbre se dresse un plongeoir. Pour y accéder, c'est le parcours vertical du combattant. Impossible de faire demi-tour, je n'ai pas d'autre option que de sauter, en essayant d'éviter les branches mortes au fond de l'eau.

Le spectacle est inouï face aux éternelles montagnes qui, au fur et à mesure que le soleil s'éclipse, s'assombrissent. Je ne vois alors plus que leurs contours dans la noirceur. Je me sens si petite mais si vivante, le corps dans l'eau opaque de la rivière à l'affût de la moindre chose qui viendrait effleurer mes pieds. J'ai sauté malgré les remontrances de ma grand-mère.

Tee a déjà la tête dans la bouée gonflable, il ne tient pas la bière.

Nous trinquons. À la vie. À nous. À NK English School. À mon récent emménagement.

« Niok mot ! »

10 mai 2019

Opération peinture sur les murs dans ma nouvelle maison et curage du calcaire dans les salles d'eau. Tee a ajouté de l'eau dans la peinture, sûr de lui. Mon père et ma grand-mère n'ont pas supporté. Ils nous ont évincés. La séance peinture a dégénéré en une bataille à trois, Tee, Tummy et moi.

Plus tard, mon père et moi sommes partis à la recherche d'une échelle pour les finitions sur le haut du mur. Nous en avons déniché une... de cinq mètres de long. Deux mètres et demi débordant de chaque extrémité du scooter. Je conduis, mon père tient l'échelle sur son épaule. Trouver l'équilibre. Les Lao se moquent de nous. Le passage étroit pour arriver à la maison est épique. Verdict : nous l'avons tournée dans tous les sens, en diagonale, en biais, sur le côté. Rien n'y a fait, elle est trop grande. Demi-tour.

Les propriétaires de la maison enlèvent les nids de fourmis rouges dans les arbres. L'un secoue le nid à l'aide d'un bâton, l'autre est positionné en dessous avec un sachet en plastique pour le réceptionner. Évidemment, c'est souvent à côté. Un nuage rouge se répand alors sur le sol, qu'ils essaient d'éviter pour ne pas se faire piquer. L'angoisse. Heureux de leur récolte, ils nous remercient : « Copchai lai lai ! »[90]

Je crois avoir entendu le mot « kin » à plusieurs reprises. « Kin » veut dire manger en lao. Ils vont manger les nids ! Tee confirme. Frits dans l'huile, ils s'en régalent. Surtout des petits œufs.

90 Merci beaucoup beaucoup !

— God, you eat this, Tee?[91]

— No way! me dit-il, tout aussi écœuré que moi.

Il est 22 heures, tout le monde s'en va, nous laissant seules Tummy et moi. On a pendu la crémaillère de la maison. Tous assis par terre autour de ma petite table ronde rose pétant, un verre de bière à la main et de la musique lao et française afin de faire plaisir à tout le monde. C'était une longue journée.

On s'allonge toutes les deux, chacune sur son matelas que je rapproche pour former un seul et même lit. Les yeux grands ouverts, blotties l'une contre l'autre. On a du mal à s'endormir, excitées par la nouveauté. Nous voilà officiellement résidentes de Nong Khiaw.

16 mai 2019

Cette semaine s'est déroulée autour de la thématique de l'écologie. Une notion tout à fait nouvelle pour les enfants qui ont été sensibles aux images d'animaux victimes de la pollution, notamment du plastique, ils ont réagi à la tortue gênée par une paille dans le nez. Cela leur paraissait un peu abstrait, car leur préoccupation est davantage d'ordre alimentaire et économique qu'écologique. Au mois de mai, toute l'Asie du Sud-Est incinère à l'air libre les déchets plastiques. Autant vous dire qu'on ne voit pas clair sur dix mètres pendant un mois et que l'air est irrespirable.

Ma maison est devenue un squat. J'ai invité les enfants à participer à un atelier recyclage de bouteilles plastiques avec lesquelles ils ont fait de jolies fleurs, différentes sortes de guirlandes et des pots à crayons. Ils sont vraiment créatifs.

Tee est dans le jardin et prépare les crêpes en compagnie de notre nouvel arrivant : Noa (ໂນອາ), jeune lao de Vientiane. J'ai eu ce contact par l'intermédiaire d'un villageois. Il vient de finir ses

91 Mon Dieu, tu manges ça, Tee ?

études de langue. Il n'a pas d'expérience de l'enseignement, si ce n'est qu'il a donné des cours en tutorat à des élèves de son école, mais son niveau d'anglais dépasse largement celui de nos professeurs actuels. Il est dégourdi, n'a pas d'attache et la fonction de prof l'a toujours attiré. Le profil parfait. Comme Tee. J'espère arriver à les convaincre tous les deux de travailler pour NK English School à la rentrée prochaine. À moi de trouver un terrain d'entente avec le ministère de l'Éducation.

Je me rends à Family Bakery, chez Pin qui prépare des croissants et des baguettes sous les conseils de mon père qui lui fait part de quelques-unes de ses techniques de pâtissier. Pin est aux anges et a retrouvé le sourire. Elle était contrariée le matin à cause de problèmes d'argent. Une de ses deux filles étudiantes en médecine en Chine a besoin d'acheter de nouveaux manuels. Elle m'a confié ne pas avoir assez d'argent pour payer et m'a demandé si je pouvais l'aider. Je ne l'ai jamais vue aussi effondrée. Elle doit vraiment être dans la m… pour s'adresser à moi.

« You're my family, Pin. »[92]

Nous nous serrons fort, laissant couler nos larmes.

25 mai 2019

Il est 6 heures, l'annonce quotidienne des nouvelles retentit dans les haut-parleurs positionnés aux quatre coins du village. Il y en a un juste sous ma fenêtre. Difficile de rester endormie avec tout ce raffut, encore couchée la tête sous le ventilateur, je suis trempée. J'ai chaud. Tummy n'est plus là, elle a dû partir au marché. C'est bien une Lao, matinale.

J'hésite à me lever, déjà fatiguée de la journée qui m'attend. Je pense à mon père et à ma grand-mère qui sont partis. J'ai le senti-

92 Tu es ma famille, Pin.

ment de ne pas avoir assez profité d'eux. J'espère qu'ils ont apprécié leur séjour à Nong Khiaw.

Je me remémore et ris de l'événement assez improbable qui m'est arrivé hier à l'école. Un homme s'est pointé dans la classe pour me proposer de marier son fils. Je pensais au début que c'était un parent qui venait suivre nos cours. Ce n'aurait pas été le premier à venir jeter un œil derrière les barreaux des fenêtres. Puis il est finalement entré et s'est assis à ma table, au milieu des enfants. Noa a traduit toute sa demande. L'homme m'a montré des photos de son fils, m'assurant que nous étions faits pour être ensemble. Son fils vivant dans le sud du Laos, je suis persuadée qu'il n'était pas au courant de l'arrangement de son père ni de mon existence.

Voyant mon embarras face à sa proposition inattendue, Noa a pris les choses en main en expliquant à ce Lao que je ne me sentais pas prête à me marier si jeune, bien que je sois flattée par sa généreuse demande. Il n'a pas insisté, nous a lâché un « bopenyang » et s'en est allé. Si je m'attendais à vivre cela un jour !

Je poste les photos de ces deux derniers jours sur les réseaux sociaux.

Afin de passer un moment loin de l'école, j'ai organisé une journée baignade dans une piscine du côté de Sophoun. Tee et Noa ont réussi à négocier à un prix honnête pour l'après-midi la piscine et les deux tuk-tuk. Tous les élèves étaient là, petits, moyens, grands. Tous habillés dans l'eau. Je m'y suis faite. Je vais avoir du mal à me remettre en maillot de bain en France. Quelques filles se sont apprêtées pour faire des photos au bord de l'eau. Elles posent. Certains garçons se prêtent aussi au jeu. Ils sont beaux.

L'atelier pâtisserie de Pin n'a pas chômé. Le restaurant entier s'est transformé en pâtisserie. Tous les enfants sont venus, groupe par groupe, confectionner les gâteaux : cookies, cakes, tartes.

Les ingrédients ont été offerts par les guesthouses du village. On a sollicité les villageois pour qu'ils gonflent notre maigre budget. À ma grande surprise, ils ont répondu, ont ainsi montré leur implication et leur reconnaissance.

Pour l'événement, on a sorti le grand jeu : scène en plein air avec chapiteaux, enceintes, micro. Tee et Noa ont commandé un joli panier garni de briques de lait, jus de fruits, chips et biscuits pour remercier la direction de l'école publique. Drôle de tradition.

Pour l'occasion, j'ai sorti ma belle tenue traditionnelle, Pin m'a coiffé les cheveux. Mis à part mon teint blanc que les Lao envient particulièrement, je ressemble à une vraie Lao.

Il est 14 heures, Vandy avait vu juste. Quelques personnes sont présentes. Même Pin semble se faire désirer, elle est sur son téléphone. Les professeurs font les morts et les membres de la direction se pointent en retard.

Chacun son tour, les groupes interprètent leur chanson. Ils se sont entraînés dur. Le duo chantant *See you again* donne des frissons à tout le monde, même aux Lao. Le spectacle s'est déroulé à merveille. Les enfants ont pris beaucoup de plaisir à chanter, malgré la déception de ne pas avoir reçu le soutien des professeurs ayant participé à la préparation.

Quelques étrangers se sont laissé attirer par la musique et se sont joints à nous.

J'interprète une chanson lao avec un élève. D'après Tee, je ne pouvais pas manquer l'occasion de me faire bien voir. C'était important pour notre école. J'ai même appris par cœur un petit discours en lao. Difficile de voir paraître une émotion derrière les masques de glace, mais je pense que la direction a apprécié le spectacle. La directrice nous remercie et annonce au micro qu'elle aimerait que nous reconduisions notre école l'année prochaine et même au-delà.

Nous nous serrons la main pour marquer notre collaboration, je lui offre le panier. Pose photo pour la postérité.

La fête continue comme prévu autour des stands et du goûter. Je n'aurais pu rêver mieux pour une fin d'année.

Sabou est réapparu après son hospitalisation au Vietnam, il a retrouvé la forme et manifeste sa joie de voir l'école en marche. Nous sommes heureux. Nous nous enlaçons.

Quand je lui ai proposé de travailler pour NK English School, il a décliné, préférant rejoindre sa famille à Nam Thouam. J'avais imaginé les choses autrement. J'avoue que sa réponse me décevait. Nous nous sommes revus épisodiquement à N.K., les rencontres étaient cordiales mais les liens entre nous distendus. J'avais l'impression que la distance venait de lui et je n'ai jamais vraiment su pourquoi il l'avait prise.

26 mai 2019

Je suis seule, assise au milieu de la classe, repensant à ces derniers mois et au chemin que j'ai parcouru. Je me sens fière. J'admire une par une les œuvres d'art des élèves. Kelly a peint la mappemonde sur toute une partie du mur. Le résultat est magnifique.

Quand NK English School a vu le jour, Kelly était là. Aujourd'hui, nous clôturons cette fin d'année ensemble. Un beau pari que nous avons gagné. Je mets la dernière chaise sur la table. Ferme le cadenas de la porte. Des élèves m'attendent à l'extérieur pour me dire au revoir. Le cœur lourd, je les serre fort dans mes bras. Effondrée de les quitter durant deux mois. Je déteste les adieux et préfère écourter. Je dis au revoir à Tee et Noa qui m'ont annoncé vouloir poursuivre l'aventure. Cette nouvelle est le plus beau cadeau de départ qu'ils pouvaient me faire. Je salue Vath et Pin.

Tous ces gens qui ont contribué au projet, je ne les remercierai jamais assez.

Celle que j'ai le plus de mal à quitter, c'est Tummy. Je n'arrive pas à envisager ma vie sans elle dorénavant. Elle est mon binôme depuis le début de mon aventure à Nong Khiaw. Je l'aime tant. J'ai appris que l'amour ne se parlait pas.

V
L'OUVERTURE

« C'est parce que tu as fait vivre cette utopie en toi qu'elle peut se transformer en réalité. »

Juin-juillet 2019

Le retour en France a fait décoller la notoriété de NK English School.

J'ai eu droit aux félicitations de mon entourage. J'ai aussi reçu beaucoup de messages de la part d'inconnus qui avaient entendu parler du projet et souhaitaient le soutenir financièrement. Les gens n'ont pas hésité à donner parce qu'ils avaient du concret. Rien à voir avec les réticences du départ. On m'a confié avoir été très sceptique : mon idée était « ouf », « trop ambitieuse » pour une jeune débutante. Je prends ce qu'on me donne, même si j'aurais apprécié qu'on me fasse confiance plus tôt.

Je suis obligée de constater « qu'on ne prête qu'aux riches ».

J'ai donc occupé mon retour à récolter des fonds et faire connaître l'association.

J'ai travaillé à mi-temps dans une usine, c'était désagréable, pour gagner ma vie et me consacrer à l'association. J'ai créé un dossier de présentation, ce qui m'a bien pris trois semaines. Je me suis inspirée de ce que j'ai trouvé sur internet. L'administratif n'est pas mon « truc » mais les choses ont pris forme.

Le doc est divisé en plusieurs parties et comporte la présentation de l'association et de l'école, les actions que nous aimerions mettre en place avec l'école publique pour l'année scolaire suivante : ouvrir plus de classes pour répondre aux différences de niveaux. Trois salles de classe inutilisées à l'arrière de l'école pourraient être rénovées et faire l'affaire. On souhaiterait aussi organiser des cours d'anglais à destination des adultes du village, trouver une solution pérenne pour le logement des volontaires si l'équipe s'agrandit. J'ai finalement fait le budget 2019-2020, l'argent n'est-il pas « le nerf de la guerre » ?

J'étais satisfaite de moi et j'ai eu beaucoup de retours positifs : « Bravo, Mélissa, tu as fait du bon boulot. »

Les démarches de demande de financement qui ont suivi ont été moins fructueuses. J'ai frappé aux portes d'au moins 70 % des usines de décolletage de la vallée de l'Arve, ma vallée natale. J'ai essuyé un paquet de refus. L'association Fastknuddeln n'est pas reconnue d'utilité publique, donc elle ne peut délivrer de rescrit fiscal aux entreprises, notre notoriété reste faible et malheureusement les entreprises préfèrent soutenir des causes qui les rendront plus visibles. La directrice adjointe d'une usine m'a avoué que son entreprise donnait plus de 2 000 euros chaque année au club de football local en échange d'une banderole publicitaire au bord du terrain. Pour sa part, elle aurait préféré soutenir un projet associatif comme le nôtre. Pour ma part, j'étais découragée mais je ne renonçais pas.

Seules les boîtes dont les patrons connaissaient ma famille se sont embarquées. Je remercie mon père dont le nom retentit dans la vallée. Je n'échappais pas à cette foutue loi des réseaux.

D'autres entreprises, comme *Maped*, des établissements scolaires ont fait des dons en nature : matériel scolaire, manuels et livres en tout genre.

Radio Mont-Blanc a accepté de me recevoir dans l'émission de 16 heures « C'est quoi ton truc ? ». Le titre parle de lui-même. J'ai parlé de l'association pendant trois minutes, répondant aux questions du producteur. Un beau défi pour moi qui suis timide. L'interview était en direct, filmée et diffusée sur les réseaux. « One shot », pas le droit à l'erreur. J'ai été aussi invitée par le *Rotary de Chamonix*, réticent lors de mon intervention, dans l'attente de preuves concrètes sans doute. Contrairement à ma première impression, le cercle des notables nous a suivis, il est même aujourd'hui un soutien pour l'association.

Élodie, une ancienne collègue, s'est greffée au projet. Plus que cela, elle fait même partie des membres du bureau de l'asso en tant que secrétaire adjointe. Elle s'est beaucoup investie pendant ces deux mois d'été et a prévu de venir sur le terrain au mois d'octobre. Son père, Franck, qui possède une agence de communication, nous a aidés en nous offrant la communication papier de l'association : flyers, affiches, tee-shirts et autres objets de communication. C'était chouette, car on bossait en lien direct avec sa graphiste, qui a vraiment pris le temps de créer les supports en fonction de mes souhaits. En France comme au Laos était en train de naître une équipe autour de « mon » idée qui désormais était une affaire collective. Franck et d'autres par la suite ont été touchés par la jeunesse et l'énergie qu'on était capable de déployer, Français, Laotiens...

J'avais embarqué avec moi une valise de pailles en bambou qui pourraient intéresser les restaurants et les bars. Le plastique étant honni. Même si je n'ai pas vraiment trouvé preneurs, j'ai quand même vendu mes 1 000 pailles sur les réseaux.

Avec Élodie, on a participé à un événement organisé par la ville de Cluses (*Critérium du Dauphiné*, épreuve cycliste). On a bénéficié d'un stand gratuit devant la mairie. Emplacement idéal, cependant on s'est aperçu qu'on ne faisait pas l'unanimité. Lorsqu'on avançait pour présenter l'association, la plupart des gens répondaient poliment qu'ils n'avaient pas le temps de nous écouter. J'ai compris que l'objet de notre association n'est pas au goût de tous parce que nous agissons à l'étranger et que nous n'y enseignons pas le français auquel les Clusiens semblent tenir. J'ai envie de vous dire, Messieurs Dames, que nous faisons en fonction de la demande. L'anglais est la langue internationale. Certains Laotiens de N.K. souhaiteraient aussi bénéficier de cours de français mais l'anglais reste notre priorité dans un avenir proche.

Anecdote marquante : on a préparé des cookies qu'on a disposés sur le stand, chacun était libre de laisser ce qu'il voulait dans un panier. Certains ne se sont pas gênés, ont gobé quelques cookies sans laisser un centime. Quel culot ! J'essaie de garder mon sang-froid. J'ai en mémoire la générosité laotienne et à ce moment précis elle me manque.

Après ce revers, on n'a pas baissé les bras et on a participé à un autre événement. On a opté pour une soirée crêpes dans un bar (*Bobby Bar*) que j'avais l'habitude de fréquenter plus jeune. Le cadre est très « chill »[93] et cosy, l'endroit est fréquenté. On a été plus chanceux. Tout s'est organisé en une semaine. Les propriétaires ont été adorables et ont accepté qu'on ait un stand à l'entrée du bar. Pour ne pas marcher sur leurs plates-bandes, on a proposé crêpes et hot dogs et tous les « goodies » de l'asso. Ils ont gardé les boissons et pizzas.

Pour la marchandise, on a sollicité les supermarchés, d'abord très réticents puis sensibles à nos arguments. On avait de quoi faire pour des mois. Je n'exagère pas.

Après l'expérience malheureuse des cookies en libre-service, on a vécu celle plus juteuse des crêpes.

La communication, média et réseaux, portait ses fruits.

93 Agréable.

Les gens sont arrivés plus tard que prévu mais entre 20 et 23 heures on a fait une centaine de crêpes. Des amis sont venus en renfort pour le service et ont mis un peu d'ambiance à la guitare. Nous avons rallié les Clusiens à notre cause. Vu que tout le monde s'éclatait, les propriétaires nous ont accordé une heure de plus. Les gens posaient beaucoup de questions sur l'école. La soirée s'est déroulée à merveille, et nous avons fait plus de 600 euros de bénéfice.

Ces deux mois sont passés très vite, trop vite. J'ai l'impression de ne pas avoir profité de mes proches. Je ne me sentais pas coupable pour autant. Tout mon corps et mon esprit étaient occupés par l'association, il n'y avait de place pour rien d'autre. Égoïsme, ingratitude de ma part ?

Par curiosité, par besoin de reconnaissance, parce que nous avions un point commun, j'ai abordé le séjour au Laos de mon père et de ma grand-mère « entre deux portes », c'est leur expression. Ils m'ont dit qu'ils étaient fiers de moi et de ce que j'avais créé, de la manière dont les gens du village m'avaient adoptée.

Ils sont contents avec moi et se sentent rassurés de me savoir bien entourée à Nong Khiaw. Ils donnent pourtant l'impression d'avoir été abandonnés, ils n'en parlent pas mais je le devine. C'est vrai que je les ai remplacés, chez moi est ailleurs qu'avec eux, à Cluses.

Depuis neuf mois, jour de mon arrivée à N.K., temps d'une gestation, une école est née, elle est devenue toute ma vie. Je repars au Laos, gonflée, avec le soutien de mes amis et de ma famille.

VI
Le foyer

« Tu verras comme le Laos, cette terre inconnue,
deviendra peu à peu ta demeure. »

30 juillet 2019
Laos, Luang Prabang

J'ai la sensation d'avoir deux vies en une, sensation étrange et agréable. En 48 heures, je me retrouve à l'autre bout de la terre, reprenant vite mes marques, mes habitudes et mes fréquentations. Comme si je n'avais jamais quitté le Laos. La famille laotienne (John, Pani et Pew qui passe son temps à se blanchir la peau) du *Mojo guesthouse*, Maéva, Tee et ma Tummy. Elle a grandi, même un peu grossi. Tee a pris soin d'elle en mon absence. Je la serre fort, nous pleurons et crions de joie.

Maéva a prévu de rester le mois d'août aux côtés de John et Pew pour les aider à la guesthouse. Ils font face à des problèmes d'argent.

Je suis surprise en voyant la cicatrice qu'elle a au front. John, chauffeur inexpérimenté, conduisait une voiture louée et n'a pu leur éviter l'accident. Plus de peur que de mal, la voiture était presque épave. Les Lao sont des pilotes de scooters, pas de voitures. John, qui n'était pas assuré, en a eu pour 10 000 euros de frais de réparation. C'est loin d'être une somme anodine, pour les Lao comme pour les Français d'ailleurs. Sans le soutien financier de Maéva, John aurait fini en prison, Pew et Pani se seraient retrouvées à la rue. En y réfléchissant, je réalisais à quel point John « avait eu chaud » et trouvais de plus en plus admirable la générosité de Maéva.

Maéva prévoit d'être présente pour la rentrée scolaire de septembre. En attendant, elle s'est proposée pour créer un programme d'anglais par niveaux à partir des programmes déjà existants dans les écoles françaises et laotiennes. Elle souhaiterait aussi mettre en place un suivi par élève. Je la laisse gérer. J'ai totale confiance en ses compétences d'organisatrice et en sa capacité à structurer l'école dans le domaine pédagogique. Les programmes, les tableaux, la rigueur, c'est son truc.

Tummy et moi avons embarqué dans le minibus bondé qui va à Nong Khiaw. Je rentre chez moi après deux mois passés en France.

Je suis fixée sur l'équipe de bénévoles qui se joindra à nous pour préparer la rentrée scolaire. Ce sont plutôt de jeunes femmes, anciennes camarades du collège. L'une d'entre elles fait son stage d'études au sein de l'association. Qui aurait cru qu'on se retrouverait un jour au Laos, à Nong Khiaw. Leur venue me met la pression. Je veux que tout soit parfait pour leur arrivée. Quand on croit avoir laissé son ego, ici ou là, il revient.

Tummy s'est endormie sur la cuisse d'une Lao. Un peu avant le barrage, la route est inondée à cause de la pluie et de la montée des eaux. Seuls les scooters et les gros pick-up osent traverser cette flaque géante. Des pelleteuses essaient de créer une évacuation mais rien n'y fait, l'eau envahit toujours la route. Je découvre les désagréments du climat laotien.

Notre chauffeur, habitué de ces situations, n'est pas décidé à rester planté là. Il nous fait signe de remonter à bord, allez, on traverse cette immense mare. La porte automatique du minibus ne ferme pas, l'eau entre, inonde le sol et nous rafraîchit les pieds. Nous voilà passés. Applaudissements au chauffeur ! J'avoue que je n'ai même pas eu le temps de réaliser. Nous aurions pu...

J'ai entendu dire que plus au sud, des villages ont été inondés à cause des barrages chinois de bric et de broc qui ont cédé. On en compte pratiquement une centaine au Laos, la moitié est en construction. L'année dernière, un barrage s'est effondré et l'eau a noyé des villages entiers. Celui entre Luang Prabang et Nong Khiaw avance rapidement. Il devrait être terminé dans quelques mois.

La route devient de plus en plus impraticable à cause des gros camions chinois. Sur quelques kilomètres après le barrage, je vois sur les maisons des numéros tagués à la peinture rouge. Je perçois beaucoup de désespoir et de haine dans le regard des locaux au bord de la route. Même si je parlais lao, je n'arriverais pas à avoir plus d'informations, tout le monde est silencieux. Je comprends que ces gens vont être expropriés et qu'ils vont tout perdre. Le minibus poursuit alors sa route jusqu'à Nong Khiaw.

Le tuk-tuk nous emmène Tummy et moi de la station de bus au restaurant de Pinkeo. Je suis accueillie par Pinkeo et son fameux Khao Soi. Tout et tous m'ont tant manqué.

Je me sens chez moi ici plus qu'en France. Deux nouvelles têtes inconnues sont assises sur le canapé au fond du restaurant. La plus jeune fille de Pin est venue faire son lycée à Nong Khiaw. La petite, Maly, est la fille de son frère. Coïncidence, nous voilà deux Maly. La belle-sœur de Pin vit désormais avec elle afin de fuir un mari alcoolique et trafiquant sur les bords.

1er août 2019
Nong Khiaw

Je sors de ma maison, un torrent a envahi le chemin. C'est la saison des pluies. Quand il pleut, il ne fait pas semblant. J'ai retrouvé ma maison dans un piteux état. Une tempête tropicale s'est abattue à l'intérieur. Étant donné que ma maison est à moitié ouverte, toute la nature y est entrée : terre et feuilles dans toutes les pièces. Des bêtes ont même creusé un trou dans la jointure de la porte qui sépare ma chambre du salon. J'ai retrouvé également des rats, des grenouilles et des mille-pattes acharnés sur un os. Welcome back home, Maly![94] Je donne l'impression de bien le prendre mais au fond de moi je suis démoralisée en voyant les dégâts.

Tee m'a rejointe à Nong Khiaw. Il n'est pas effrayé par toute cette eau, il a l'habitude. Tummy monte à l'avant du scooter, je m'assieds derrière Tee qui conduit l'engin à contre-courant en direction du morning market[95]. On est trempés. On achète un poisson frais et un peu de sticky rice pour le petit-déjeuner au stand d'un ancien professeur de l'école secondaire du village. Je prends pour Tummy quelques brochettes de viande.

Le professeur m'annonce avoir quitté son poste d'enseignant. Il travaille depuis cinq ans et ne reçoit pas de salaire. L'école lui promet chaque année de le payer mais ne le fait pas.

C'est pour tout le monde pareil quand on travaille pour l'État. On doit faire ses preuves, travailler durement pendant plusieurs années avant d'avoir un salaire. Ou alors corrompre en donnant de l'argent pour espérer être payé un jour, peut-être.

C'est insensé, j'ai envie de crier. Les Laotiens, eux, s'adaptent à cette réalité en changeant de métier, par exemple.

94 Bon retour à la maison Maly !
95 Marché du matin.

J'ai de la peine pour cet homme qui adorait son travail, qui avait du mal à s'en sortir même en cumulant trois boulots : vendeur au marché et chauffeur de tuk-tuk le matin, serveur dans un restaurant le soir après l'école.

Quelle vie ! Et moi qui me plaignais de faire des horaires de bureau à l'usine. C'est bien de voir comment cela se passe ailleurs et reconnaître ce que l'on a.

Au stand, sa mère nous offre une mangue bien mûre et quelques bananes. Rien ne fait perdre aux Laotiens le sens de l'hospitalité.

Un festin nous attend.

Tee fait frire le poisson pendant que je prépare le planning des tâches avant l'arrivée des volontaires à la fin de la semaine. La priorité, c'est le nettoyage des bungalows, eux aussi, dans un piteux état, des murs des salles de bain et la réparation de la plomberie.

Je compte à tort sur les aptitudes manuelles de Tee, bricoler n'est pas mon domaine, je ne suis pas sûre que cela soit le sien non plus.

7 août 2019

Après avoir été accueillies par Maćva à Luang Prabang et avoir passé la nuit dans la guesthouse dégoulinante d'eau, les volontaires ont pris le minibus pour N.K. : 8 heures de... navigation. Le minibus a été finalement remorqué par un camion. D'un pas sûr, l'air fatigué, trempées, les volontaires entrent dans le restaurant de Pin, elles ont reconnu Tummy qui était assise sur le trottoir. Elles l'ont vue sur les réseaux sociaux. Un bon Khao Soi de bienvenue.

Cette semaine a été épique. Il a fallu jongler entre les averses pour réparer la tuyauterie des w.c. et des robinets dans les bungalows. On a fait plus de bricolage qu'autre chose. Rafistolage des tuyaux à la colle, au scotch et avec des sacs plastique pour éviter les fuites. Nouveaux robinets et pommeaux de douche. Pour les toilettes encore fonctionnelles, nous avons installé un nouveau système de chasse d'eau à l'aide d'une petite ficelle et d'un porte-clefs. Pour les autres toilettes, rien d'autre que la bonne vieille casserole en plastique remplie d'eau à jeter dans la cuvette. Je n'aurais pas imaginé prendre autant de plaisir à ce genre de tâches qui requièrent de la patience. Après dix allers-retours au magasin de bricolage, j'ai cessé de compter. Tee et moi manquons sans doute de rigueur et d'organisation, à moins qu'on soit fans de scooter.

J'ai découvert Tee, au fil des jours, au cours de nos longues discussions dans mon immense salon où nous avons installé un hamac, des matelas, des tapis pour agrémenter l'espace.

À la nuit tombée, Tee joue de la guitare, il m'a montré quelques accords. Ses ongles longs ne l'empêchent pas de jouer et montrent qu'il ne travaille pas dans les champs.

Ensuite, nous faisons une heure de lao. Tee m'a appris quelques gros mots, bien utiles et agréables quand on parle une langue. J'ai eu du mal à lui sortir les vers du nez. Les Lao sont très polis et respectueux, et contrairement à l'usage français, il est très mal de jurer au Laos, même sous le coup de la colère. On ne s'énerve pas au Laos, on doit rester zen ! Progressivement, je me mets à l'écriture, j'apprends les lettres, la prononciation. Je progresse, je le sens.

Régulièrement, nous embarquons la petite Maly, nous prenons le dîner dans la rue ou alors je cuisine le seul plat lao que je connais à peu près : une sorte d'omelette brouillée avec de la sauce soja, du riz et beaucoup de piment. Je suis comblée. J'ai eu du mal à m'habituer aux piments, les premiers temps, l'estomac me brûlait, j'avais les intestins en vrac. Aujourd'hui, je ne supporte plus les aliments nature. Mon corps a même souffert cet été quand je suis rentrée en France. Pour ce qui est du fromage, je n'arrivais plus à l'avaler.

14 août 2019

Noa est revenu à N.K. et a emménagé à la maison avec un petit sac de vêtements et un immense sac de riz. C'est un cadeau de la part de sa famille, dans la tradition laotienne. Les souris ne se gênent pas pour venir piquer les grains quand nous avons le dos tourné. Il s'est installé dans la petite pièce inutilisée jusqu'à maintenant. Elle n'est pas très spacieuse, n'a pas l'électricité, ce qui ne le gêne pas. Tee, lui, préfère dormir dans le salon, moi aussi, il fait moins chaud. J'ai pris l'habitude d'occuper le hamac près de la fenêtre, je mets le ventilateur à fond.

Nos deux profs ont vite été freinés. Après une matinée activité et révision, le ministère de l'Éducation a été formel : pas de reprise de cours sans la présence de professeurs de l'école publique et sans un programme d'éducation par niveau validé.

L'enthousiasme des volontaires retombé, on a rendu une petite visite à Maéva à Luang Prabang afin de terminer le programme. J'espère qu'à notre retour à N.K., le ministère de l'Éducation sera coopératif afin de nous valider au plus vite. J'avoue être un peu sceptique parce que l'urgence n'est pas dans la mentalité laotienne, encore moins pendant les vacances scolaires.

Pour combler le désir d'enseignement des volontaires, on a loué des scooters et on est allés dans le village de Nam Thouam où se trouve une école d'anglais payante. Seule une catégorie de la population peut y accéder. Je n'aime pas trop cette idée mais toutes les écoles de langue au Laos sont payantes. On a pu assister à plusieurs cours, conquis par la gentillesse et la soif d'apprendre des élèves.

Avant notre départ, tous les élèves ont sorti de leurs poches leurs téléphones pour prendre quelques selfies avec nous. Les enfants et le personnel de l'école sont heureux. Nous sommes comblés. J'ai été quelque peu surprise par la volonté de l'école de proposer en plus des cours d'anglais des cours de chinois, la langue officielle du business valant plus que l'anglais.

Le retour à N.K. a été rude. On a quitté l'école tard, la nuit est tombée rapidement et une énorme tempête s'est abattue sur nous. La pluie torrentielle nous cisaillait la peau et nous empêchait d'avancer. On s'est abrités sous le porche d'une maison, collés les uns contre les autres, autour d'un feu improvisé. Une fois la tempête passée, on a repris la route. J'étais blottie contre Tee, mes mains autour de sa poitrine lui tenaient chaud. Moi, je n'ai jamais eu aussi froid.

31 août 2019

Vous vous souvenez peut-être de l'amie que j'ai évoquée au début de mon récit, celle avec qui j'ai partagé un moment à l'arrière d'un 4x4 en Australie. Elle est venue me rendre visite, ma mère, elle aussi, est arrivée. Je l'avais si peu vue cet été.

Pin nous a emmenées au temple pour célébrer la fête des Morts (Ho khao padap dine), toutes vêtues en habits traditionnels. On découvre alors les environs, je ne prends jamais le temps de visiter le coin. Cela dit, on ne peut pas s'aventurer n'importe où, les sentiers sont truffés de mines datant de la guerre d'Indochine, c'est pourquoi on a un guide.

Je leur ai fait découvrir l'école malheureusement fermée, mais elles ont pu tout de même rencontrer quelques enfants. Elles ont participé aux dernières retouches dans les bungalows, comme l'installation de nouveaux lits superposés, de nouveaux matelas et d'indispensables moustiquaires. Comme l'avaient été mon père et ma grand-mère, ma mère a été surprise par mon lieu de vie. Si différent du sien et du mien auparavant. Tous avaient d'ailleurs préféré loger dans une guesthouse le temps de leur séjour. Je me rendais à la raison. J'ai fini par m'acheter un réfrigérateur. Avec la chaleur, tout ce que je laissais dans la cuisine pourrissait, j'ai retrouvé ma maison plus d'une fois infestée de fourmis, elles allaient se nicher jusque dans le placard et le papier toilette.

Ma mère a suivi le projet dans toutes ses étapes. On se téléphone souvent. Nong Khiaw n'est presque pas une découverte pour elle, une fois la surprise de mon lieu de vie passée.

Pour les besoins administratifs, elle est trésorière-secrétaire de l'association. Dès qu'elle en a l'occasion, elle n'hésite pas à me donner un coup de pouce depuis la France. Elle a ouvert un compte bancaire au nom de l'association, contracté une assurance et me donne de précieux conseils de comptabilité. Moi qui étais une bille en maths, je fais les comptes.

Elle a évidemment rencontré ma Tummy et elle l'adore. Difficile de les séparer, elle l'a adoptée comme une troisième fille.

Bien que j'aie essayé de me rendre le plus disponible possible pour partager des moments avec ma mère et mon amie d'Australie, j'en garde des souvenirs flous. Malgré moi, je ne suis qu'avec NK English School.

Vath est revenu à N.K., après avoir passé la saison des pluies dans le sud auprès de sa fille. Notre homme est toujours où il faut quand il faut. Alors que je m'étais lancée dans la recherche d'un nouvel espace de travail pour les professeurs et volontaires, Vath m'a proposé d'occuper la pièce à vivre de l'étage de la maison qu'il loue, juste derrière les bungalows. Il souhaite seulement garder les chambres pour loger son staff. On a donc nettoyé la pièce et peint le sol de béton en jaune pour faire plus propre. Dire que je me suis moquée de Sabou lorsqu'il a peint le sol de l'agence de Chu Thao. On a ensuite installé une table et quelques chaises. Cela suffira pour commencer l'année scolaire.

De nouveaux volontaires sont arrivés, ils ont réussi à récupérer deux valises de fournitures scolaires offertes par Maped. J'ai pu entrer en contact avec le responsable de Maped Asie à Hong Kong. Il adore le projet et je crois qu'il souhaiterait le soutenir via la marque.

J'attends de voir ce que cela donnera, pas de faux espoirs.

Les enfants viennent chaque matin profiter de notre nouvel espace aménagé à l'étage, nous y organisons des jeux et des sessions révisions pour les plus âgés en attendant la rentrée scolaire. Les élèves prennent du plaisir à se servir des nouvelles ardoises. J'en profite pour réviser mon lao avec Tee. Nous conversons par écrit en phonétique. Les élèves comprennent, gare à ce que j'écris. Nous trouvons des subterfuges pour nous insulter. Pour dire « si jao »[96], on utilise « si thao »[97].

Tee et Noa ont traduit les programmes d'anglais en lao, quatre au total, de Beginner[98] (A-0) à Intermediate[99] (B1).

J'enchaîne les allers-retours entre le ministère de l'Éducation et l'école avec Tee et Noa afin de faire valider nos programmes. Les autorités ne nous facilitent pas la tâche, on doit prendre en compte leurs difficultés à comprendre les notions et méthodologies proposées. De plus, ils ne veulent pas que nous abordions Noël et Halloween, qui sont deux fêtes occidentales, dont une religieuse.

Des ouvriers sont venus construire un mur pour fermer une partie de la cuisine des volontaires. Tee et Noa l'ont recouvert de ciment, et avec les volontaires nous l'avons peint. Une des filles a dessiné une tête de dragon et une tête de tigre. Au-dessus du mur, on a accroché une guirlande en bois « NK English School » créée

96 Va te faire f*****.

97 Gris.

98 Débutant.

99 Intermédiaire.

par toute l’équipe. Un terrain de pétanque a été aménagé devant les bungalows avec ce qui restait de ciment et quelques morceaux de bambou. On risque de faire quelques jaloux. La pétanque est le sport préféré des Lao, une tradition française qui est restée.

Progressivement, le site volontaire prend forme.

VII
L'AFFIRMATION

« Qui es-tu quand personne ne te regarde ? Bas les masques ! »

9 septembre 2019

J'ai dû me faire à l'idée que je n'obtiendrais jamais un visa autre que touristique, ce qui veut dire accepter de faire des allers-retours tous les mois à Luang Prabang et sortir du territoire tous les trois mois. J'en accepte la contrainte.

Les programmes n'ont pas encore été validés par le ministère de l'Éducation et l'école publique de Nong Khiaw. Heureuse qu'on ait su trouver un terrain d'entente. On a donc procédé aux inscriptions durant plus d'une semaine. L'information a été diffusée au moyen de flyers, sur les réseaux et par haut-parleur, aussi insolite que cela puisse paraître. Les enfants sont venus nombreux, nous avons inscrit plus de 200 élèves : des petits bouts de six ans venus seuls, de jeunes adultes, la fille de Pinkeo. Je n'en reviens pas. Ne me pincez pas, laissez-moi rêver. Chaque élève renseignait un formulaire : nom, prénom, âge, lieu de vie comportant des questions plus personnelles : « What is your dream? »[100] « Why do you want to learn

100 Quel est ton rêve ?

English? »[101], beaucoup répondaient que leur rêve était de construire une maison pour leurs parents et qu'ils voulaient apprendre un anglais professionnel.

Enfin, on a évalué leur niveau en les testant. Beaucoup ont rendu feuille blanche. Le niveau est faible. Je remarque que nos élèves de l'année précédente se débrouillent mieux que les autres. C'est encourageant.

Les élèves trichent, ne comprennent pas qu'on n'est pas là pour les juger, que notre but est de les placer dans un groupe de niveau. Tee et Noa leur donnent les réponses, c'est plus fort qu'eux.

Tout se fait dans la bonne humeur et le désordre. J'accepte.

Maéva a attrapé la dengue. Couverte de la tête aux pieds, elle a passé la semaine couchée. Je compatis à sa souffrance. La voisine lui prépare, tous les jours, des fruit shakes pour l'hydrater et lui donne des patchs à la citronnelle *Hello Kitty* qui éloignent les moustiques. Le médecin de l'hôpital de N.K. (il y a un hôpital, rudimentaire, certes, à N.K.) lui a dit que si elle saignait, il fallait vite retourner à l'hôpital. L'espérance de vie du natif en cas de piqûres est de 24 heures, sachant qu'il doit être transféré dans un pays voisin, car le Laos n'est pas en mesure de traiter la dengue. Sous mes airs détachés, j'avoue que j'ai vraiment eu peur. Notre Maéva ne s'est pas laissé abattre, elle a recouvré des forces, choyée par nous tous, elle a vite rejoint la team et a organisé la rentrée comme prévu. J'ai réalisé combien elle m'était précieuse. Je n'aurais pas pu m'en sortir sans elle. Elle a emménagé à la maison avec Tee, Noa, Tummy et moi. On lui a installé un vrai lit, car elle n'appréciait pas de dormir à même le sol ou dans un hamac.

101 Pourquoi veux-tu apprendre l'anglais ?

20 septembre 2019

Ce premier mois est un mois test. Tout le monde doit prendre ses marques, élèves, professeurs, bénévoles. Je me sens débordée mais j'ai la chance d'avoir une super équipe autour de moi : Tee, Noa, Maéva.

Maéva a vite repris ses habitudes au sein de l'école. À la différence de l'année précédente, on a désormais un vrai programme en cours de validation.

Pour répondre aux nombreuses inscriptions, l'école publique a été d'accord pour nous prêter deux salles de classe, en échange d'une petite contribution au paiement de l'électricité. On a donc au total trois classes en comptant la nôtre.

Les cours d'anglais ont lieu du lundi au vendredi de 16 h 30 à 19 h 30 et s'organisent tous les jours en neuf groupes de 150 élèves âgés de 9 à 26 ans. Dans leur intérêt, on a privilégié les élèves de plus de 9 ans qu'on a répartis en plusieurs groupes. Les classes sont habituellement bondées et les enfants ont du mal à se concentrer. On a donc dû faire une croix sur les plus petits, à leur grande déception. J'autorise dans ma classe la présence de la petite Maly et ma Tummy, entre nous, j'ai mes chouchous. Pour les plus petits, on a mis en place des activités tous les samedis à l'office.

Voici le nom des groupes que les élèves ont choisi, résurgence de quelques rudiments qu'ils ont de la culture anglo-saxonne :

16 h 30 :
I A class (9-10 years old, beginner)
Strawberry (9-10 years old, beginner)
Tiger class (11-13 years old, beginner)

17 h 30 :
FC English (16-17 years old, beginner)
High School (14-15 years old, beginner)
Pink panther (14-17 years old, discovery)

18 h 30 :
Nam Ou river (18+, beginner)
NK class (14-17 years old, beginner +)
Baby shark (14-17 years old, elementary)

Il n'a pas été facile de faire des groupes, de séparer les élèves selon leur niveau, car beaucoup souhaitaient être dans le même groupe que leurs amis – je me suis rappelé mes années collège !

Sans compter les élèves inscrits qui ne sont pas venus et ceux non inscrits qui s'ajoutent au fur et à mesure. Certains ne peuvent pas être présents tous les jours, car ils travaillent avec leurs parents. Ce n'est pas évident de tendre vers l'homogénéité ou de mettre un cadre à la française, au grand regret de Maéva qui déteste l'à-peu-près organisationnel.

On s'est vite rendu compte qu'il était impossible de faire un suivi par élève. On a donc opté pour un suivi par classe et par jour. À la fin de chaque journée, les volontaires rapportent ce qui a été fait : leçon, jeux, difficultés, observations. Maéva a mis en place un classeur par classe pour ranger tous les supports utilisés. On a investi dans une imprimante pour éviter les allers-retours au printshop.

Chaque classe voit au moins une notion par semaine. Tous les jeudis, les élèves sont évalués. Même si les tests prennent la forme de jeux pour les plus petits, nul n'est dupe. Le jeudi est devenu la journée noire.

Avec les plus petits, on combine leçons et jeux parce que leur concentration ne dépasse pas 20 minutes. Une heure avec eux m'épuise. Ils sont une vingtaine et ont beaucoup trop d'énergie pour ma capacité. Tee, lui, compte plus de 35 élèves dans sa classe, heureusement, ils sont un peu plus âgés donc plus calmes. Nous faisons le rude apprentissage du métier d'enseignant. Je préfère les groupes plus âgés. Nous pouvons échanger avec mes quelques mots de lao et leurs quelques mots d'anglais, en attendant mieux. J'apprends beaucoup à leur contact, surtout sur le plan humain. Nous avons plus une relation d'ami à ami que de professeur à élèves, bien que les plus jeunes continuent à m'appeler « Teacher Maly »[102], respectueux, ils gardent leurs distances. Parfois, je suis gênée, car beaucoup sont plus âgés que moi.

Nous avons trouvé nos premiers volontaires par Facebook, sur le groupe des « Français au Laos » et grâce aux nouvelles « affiches de volontariat » qu'on a déposées dans les guesthouses avant la reprise des cours. Ils ont répondu « présent » au dernier moment. Il faut dire qu'il n'y a pas énormément de voyageurs en cette saison.

Les règles (il y en a) :

Tous les bénévoles arrivent et repartent le week-end et doivent rester au minimum deux semaines.

Pour les nouveaux arrivants, rendez-vous le lundi matin à 9 heures à l'office. Avant le rendez-vous, Tummy, Maéva et moi-même nous arrêtons au morning market pour y acheter quelques spécialités : coconut pancakes, beignets de banane, riz gluant à la noix de coco. La voisine, qui tient le restaurant d'à côté, nous prépare thé et café. Le petit-déjeuner convivial est le moment choisi pour aborder les formalités. Pendant que les bénévoles remplissent

102 Professeur Maly.

le volunteer form[103] et les *terms and conditions*[104], j'en profite pour faire une photocopie des passeports et visas que Noa se charge ensuite d'aller remettre aux autorités.

Une fois la paperasse remplie, je présente l'école, le déroulement des cours, d'une semaine type, les choses à faire et à ne pas faire, je parle des choses qui fâchent comme les tâches ménagères, le respect des consignes. J'ai encore du mal à m'imposer en tant qu'autorité.

Voici quelques exemples de règles fondamentales en classe : porter des vêtements appropriés (se couvrir les genoux et les épaules). Ne pas toucher la tête des élèves. Éviter le contact physique.

Enfin, j'aborde la préparation des cours qui se fait de 10 à 12 heures. En fonction de la notion à aborder, en s'inspirant des cours dans nos manuels ou sur internet, professeurs et bénévoles créent une leçon et des activités ou jeux qui lui sont liés.

Tee, Noa et moi avons chacun trois classes attitrées et des bénévoles qui restent avec nous le temps de leur volontariat. On n'a pas les moyens de se payer un nouveau prof, alors je me suis portée volontaire. J'ai la pression et je doute sincèrement de mes compétences de professeur, même si j'aime la transmission et le contact avec les enfants.

Selon notre accord, les professeurs de l'école publique se joignent à mes cours. J'en ai gardé deux sur trois : le jeune motivé et Vandy, trop payés selon Tee et Noa, gagnaient moins que l'année précédente. Peut-être était-ce pour cela que Vandy m'interrogeait sur le salaire de ses collègues. Cela dit, les Laotiens n'ont aucun problème avec l'argent ni avec les liasses qu'ils étalent aux yeux de tous.

J'ai eu le cran d'écarter monsieur B., B comme bières. J'ai demandé aux professeurs de nous rejoindre à l'office tous les jours après leur matinée de cours afin d'envisager l'après-midi. Ils

103 Formulaire de volontariat.
104 Conditions générales.

n'aiment pas beaucoup cette idée mais je veux qu'ils soient plus investis cette année.

Une fois la préparation des cours terminée, c'est l'heure de la pause déjeuner. Nous alternons, chez Pin, chez la voisine et dans notre nouvelle cuisine du site volontaire. À tour de rôle, on cuisine pour tout le monde avec les produits du marché. On s'en tire pour moins d'un euro chacun.

Jusqu'à 16 h 15, avant l'heure de l'école, les bénévoles peuvent profiter de leur temps libre, mais très souvent la majorité d'entre eux préfère s'investir dans le développement de NK English School. Chacun y va de son idée : création de cartes postales représentant enfants et sites de N.K., création d'une fiche-conseils pour les nouveaux arrivants : « What I want to know as a volunteer »[105], prise de contacts pour la recherche de fonds, mise en place d'un *drive* en ligne pour le partage des cours... ils m'ont aussi confié qu'ils souhaitaient avoir davantage d'infos sur l'association, sa création, son histoire. Moi qui avais peur d'embêter les gens, ils me répondent : « We come here for this project. »[106]

16 h 30 début des cours, fin 19 h 30. Ensuite retour au site des volontaires. J'essaie de faire l'effort de manger avec eux mais certains soirs j'ai seulement envie de rentrer, prendre quelques brochettes, du sticky rice sur un stand et de les savourer à la maison en compagnie de ma Tummy. Elle est la seule dont la compagnie m'est toujours agréable.

---

105 Ce que je veux savoir en tant que volontaire.

106 Nous venons ici pour ce projet.

29 septembre 2019

On a changé le « packaging »[107] des pailles de bambou. La feuille de bananier était écologique mais elle séchait trop vite et se cassait. Pour la remplacer, une mamy lao nous confectionne à la main des petites pochettes en coton de différentes couleurs. Celles-ci peuvent être réutilisées pour autre chose, des étuis à lunettes, par exemple. Nous vendons le lot 40 000 kips (4 euros). On a trouvé un partenariat avec les hôtels et guesthouses les plus « fancy »[108] du village. Le prix étant plus élevé que la moyenne, on touchera plus les touristes que les « backpackeurs ». Le patron d'Utopia à Luang Prabang et d'autres nous en ont pris quelques lots et exposent notre publicité pour recruter des volontaires.

Vath nous a réservé une place dans son agence de trekking, nous y avons mis un bureau et entreposé tous les produits de communi-

107 Emballage.
108 Luxueux.

cation créés cet été en France. L'emplacement est idéal pour toucher un large public.

Mon amie Élodie est arrivée à N.K., j'ai hâte de la voir même si je n'ai pas eu le temps jusque-là d'éprouver le manque.

Elle fait son baptême de scooter : elle, Tummy, moi, sa valise, son gros sac rempli de fournitures scolaires et de « goodies » NK English School. Cette anecdote, plus le Pad Thaï trop épicé qu'elle a mangé en guise de premier repas, sa première soirée dans une boîte de nuit-karaoké laotienne qui vous détruit les oreilles et ne propose que de la bière (elle n'aime pas la bière) vont peut-être l'achever avant de commencer le séjour. Elle ne sait pas qu'elle n'est pas au bout de ses surprises.

On a organisé notre première soirée caritative au site volontaire ce samedi. Bières, pétanque et frites. Beaucoup de touristes se sont joints à nous. Noa et Tee s'occupent de la cuisson des frites, Élodie et les volontaires du service dans de petits cornets en bouteilles recyclées. Maéva et moi sommes à l'accueil pour présenter notre école.

Très souvent, je ne me sens pas à la hauteur face à l'ampleur qu'a prise le projet. La bienveillance et l'encouragement des volontaires me font garder la tête hors de l'eau. Pour eux, l'enthousiasme qu'entraîne la nouveauté est porteur, alors je me laisse emmener par l'énergie de groupe.

J'essaie de ne pas montrer ma fatigue et mes doutes, pourtant, j'en ai, et mes batteries sont faibles. J'ai du mal à enfiler le costume de « boss » et toutes les responsabilités qui vont avec. Tee me répète souvent : « You're the boss, you decide. »[109] C'est une position que je n'ai jamais connue, à l'envers de ma personnalité.

109 Tu es la boss, tu décides.

Diriger, décider, j'ai peur de me tromper. Vivre est un apprentissage mais moi, je n'ai pas droit à l'erreur.

Allongée sur le sol avec Tee, je lui dis :

« Why didn't I open a banana stand? I would have nothing to worry about. The only thing I would have to worry is the sale of my bananas, that's not a big deal. »[110]

Il me répond :

« Yes, you're right, but if you're worried, it's because it matters to you. Isn't it beautiful to care about something? »[111]

Il avait raison. Cette expérience que je suis en train de vivre est unique, elle est tout simplement la vie, les tracas en font partie intégrante. Je pense à cette conversation chaque fois que j'ai un coup de blues.

Avec la meilleure volonté du monde, j'ai dû me rendre à l'évidence : je ne peux cumuler le rôle de professeur et celui de directrice. Progressivement, je laissais les cours aux volontaires qui malheureusement ne faisaient que passer, ce qui m'obligeait à veiller sur la passation.

Je suis toujours présente dans quelques cours pour garder le lien avec les élèves et suivre leurs progrès. Presque tous les soirs, je me joins aux cours d'adultes pour travailler mon lao.

Sur mon scooter, je prends souvent le large pour m'aérer l'esprit en compagnie de ma Tummy. On roule des heures, on s'enfonce dans la jungle, je découvre de nouveaux paysages. C'est notre moment à toutes les deux.

D'ailleurs, j'ai les jambes couvertes de brûlures. J'ai encore beaucoup à apprendre du pot d'échappement laotien.

---

110 Pourquoi n'ai-je pas ouvert un stand de bananes ? Je n'aurais à m'inquiéter de rien. La seule chose dont je devrais m'inquiéter, c'est la vente de mes bananes, ce n'est pas très compliqué.

111 Oui, tu as raison, mais si tu t'inquiètes, c'est que ça a de l'importance pour toi. N'est-ce pas magnifique de se soucier de quelque chose ?

3 octobre 2019

Élodie se fait à la vie laotienne. Je sens que ce n'est pas facile pour elle. Elle passe beaucoup de temps au téléphone avec ses proches.

Elle ne parle que quelques mots d'anglais, ce qui la fatigue et lui demande beaucoup de concentration, elle ne se sent pas exclue pour autant, c'est ce qu'elle dit. Tout le monde est bienveillant avec elle.

Elle est impressionnée par le travail de l'association, admirative du boulot que nous avons fait jusque-là. Je la sens encore plus motivée que je ne l'avais espéré. Elle me rassure. Son investissement nous permet de passer du temps ensemble, partage que je n'avais pas eu avec mes proches venus en touristes. J'avais d'ailleurs eu du mal à admettre leur positionnement. Tout le monde n'est pourtant pas obligé de travailler « pour moi ».

Élodie a vite mis le maquillage de côté et s'est faite à la douche froide bassine-casserole, même si cela est peu commode lorsqu'on a les cheveux longs. Elle s'est aussi habituée au haut-parleur et aux travaux qui commencent à l'aube, aux coqs qui braillent toute la nuit, à la saleté et aux déchets plastiques par terre, à la chaleur, aux terrifiants orages, aux coupures d'électricité fréquentes, au scooter et à ma conduite approximative qui nous a valu déjà quelques chutes, au manque d'intimité, à la machine à laver « à la main », au manque de discrétion de la part de Noa qui claque les portes, allume la lumière et traverse la pièce en caleçon. Je reconnais qu'on a vu pire anatomie.

En revanche, elle m'a confié qu'elle ne se ferait jamais aux toilettes et aux rats qui courent sous le lit et parfois sur, et qu'après s'être retourné l'estomac avec son premier repas lao, elle préfère opter pour un régime culinaire européen.

Elle participe aux cours avec Tee, elle est contente, car elle apprend plus qu'elle n'enseigne. Elle progresse de jour en jour, encouragée par la motivation et l'investissement des élèves. Elle crée des liens. « Le départ va être difficile », dit-elle, enlaçant un des enfants. Surtout ne pas anticiper.

10 octobre 2019
Vientiane

Cela faisait déjà plusieurs jours que Tummy ne se sentait pas bien. J'avais la tête sous l'eau, comme d'habitude, et je n'y ai pas prêté assez attention. Je m'en veux. Élodie a sonné le signal d'alarme. On a dû partir en catastrophe à Vientiane, la capitale. Aucun hôpital proche n'était capable de prendre en charge Tummy.

Le trajet ne s'est pas tout à fait déroulé comme on l'avait prévu et a même tourné à la catastrophe.

Dans le premier minibus pour Luang Prabang, une femme a fait une crise d'épilepsie. On s'est arrêtés sur le bas-côté. J'ai crié « Elle est médecin ! » en pointant Élodie du doigt. Face à la panique et au manque de vocabulaire lao, seuls ces trois mots sont sortis de ma bouche. En réalité, Élodie commençait tout juste ses études d'infirmière, mais elle était la seule à pouvoir faire quelque chose.

On était à genoux dans la terre, Élodie, le mari de la jeune femme et moi, à essayer de réanimer son cœur qui s'était arrêté de battre au moment où j'ai plus ou moins perdu connaissance. C'était étrange, car j'avais les yeux grands ouverts. J'étais consciente mais mon corps était figé au sol, incapable d'agir. Élodie a crié : « Mélissa, bouge-toi ! » Comme une espèce d'automate et comme par miracle, je me suis relevée. J'essayais de faire entendre au mari qu'il fallait arrêter de la secouer, pour peu que je puisse encore penser qu'elle était vivante.

Les autres passagers étaient immobiles, face à nous, fumant leurs clopes, sans aucune émotion, regardant ce scénario macabre comme s'ils étaient spectateurs d'un film d'horreur dans lequel nous nous trouvions.

Par chance, un pick-up s'est arrêté, chargeant la jeune femme et son mari à l'arrière pour les emmener à l'hôpital, parce qu'au Laos aucun véhicule de secours ne se déplace. La femme aurait pu mourir sur place. Choquées, on est remontées dans le minibus jusqu'à Luang Prabang.

Puis, nous avons pris un bus-couchettes pour Vientiane. Il s'arrêtait toutes les vingt minutes, le chauffeur en descendait pour tenter de réparer les feux avant et l'électricité dans le véhicule. Sans succès. D'autres personnes se démenaient pour éclairer avec le flash de leur téléphone la route la plus vertigineuse du Laos. Heureusement, nous ne l'avons constaté qu'au retour : il faisait grand jour. Quand j'ai pris conscience de la situation, je n'ai même pas eu peur, j'ai souri, pourtant Tummy perdait de plus en plus de sang et je savais que ses heures étaient comptées. Quant à Élodie, elle prenait sur elle en me rassurant, alors qu'au fond d'elle-même, elle était terrifiée. De péripétie en péripétie, d'un bus à l'autre, 18 heures plus tard, entassés les uns sur les autres, une Tummy presque exsangue, nous sommes arrivées à l'hôpital, par bonheur, dirigé par des Occidentaux. Nous avons remis Tummy entre de bonnes mains.

Nous avons attendu quelques jours qu'elle reprenne des forces. Élodie a réglé l'opération que je lui ai remboursée en vendant ma voiture en France qui ne m'était d'aucune utilité au Laos. Si je n'avais pas payé l'opération avant qu'elle n'ait lieu, on serait reparties comme on était venues. J'avais un engagement auprès de Tummy, je faisais tout pour l'honorer.

12 octobre 2019

Nong Khiaw

Au retour, on s'est arrêtées dans le village de Vang Vieng pour découvrir le projet *SAE LAO* de développement durable se présentant sous la forme d'une ferme biologique, d'un restaurant, et d'un centre communautaire dont les cours d'anglais quotidiens sont dispensés par des bénévoles. On a rencontré le responsable du site et on a échangé sur nos expériences respectives. Il nous a fait comprendre que les autorités de Nong Khiaw abusaient de notre générosité et de notre enthousiasme et nous a confortées dans ce que nous déplorions déjà. Les profs de l'école publique nous étaient imposés et nous devions les rémunérer. Nous avions des factures d'électricité injustifiées, nos programmes n'avaient toujours pas été validés, nous devions sans cesse nous plier aux caprices administratifs, pédagogiques ou personnels des enseignants. Nous étions tenus de faire des cadeaux, de participer à des événements qui se transformaient tout le temps en beuverie. Notre interlocuteur de V.V., à tort ou à raison, avait été le déclencheur de notre colère. Stop !

Sitôt rentrée à N.K., j'ai organisé une réunion et exposé mon mécontentement. Débat sans fin. Tee considérait mes arguments et mon point de vue occidental sans oublier qu'il était lao. Maéva partageait mes idées. Noa était sur la réserve. Le ton était monté mais nous étions tous d'accord pour nous affranchir de l'école publique qui ne nous accordait que trois heures de cours par jour à partir de 16 h 30 et trois salles de classe et qui ne nous permettait pas une réelle perspective.

Trois nouveaux volontaires anglais se retrouvaient au milieu de cette bataille, presque contents d'y participer et d'être exposés aux problèmes auxquels nous faisions face. Ce n'était pas rose tous les jours.

On ne perd pas le sens de la fête pour autant. Fête des Lumières (Boun Ok Phansa). Toute l'équipe vêtue de tenues traditionnelles, pieds nus, de jolies offrandes fleuries en main, se rend au temple du village de Sophoun. Il est de tradition de s'accroupir pour déposer une bougie sur les marches. On regarde les enfants s'amuser à se brûler les fesses en riant. On sourit. La cérémonie commence, on fait le tour du temple, trois fois. Les moines donnent le rythme, on les suit, l'offrande en main, une bougie allumée. On se dirige ensuite vers une immense pirogue de bambou, fleurie et enguirlandée, pour y déposer notre bougie. Les Lao chantent, prient. Des centaines de bougies se rejoignent sur la pirogue, c'est magnifique. Une fois le rituel terminé, tout le monde sort du temple. On se rend alors au bord de la rivière, pour poser sur l'eau, chacun son tour, nos offrandes fleuries et faire un vœu. On s'assoit, regardant partir au loin dans la pénombre fleurs et vœux. L'envie de pousser Tee dans l'eau est si tentante que je me laisse emporter. Ma blague se transforme en bataille d'eau. On rentre tous trempés et on continue la fête. Noa n'a pas décroché le nez de son téléphone depuis que nous sommes partis. En tant que chrétien, il n'a pas voulu participer à la fête des Lumières (fête bouddhiste) et a passé sa soirée au téléphone avec sa petite amie, qui, au passage, est une de ses élèves mineures. Au Laos, la relation entre un homme majeur et une mineure ne pose aucun problème.

Celle entre Noa et Sun ne m'en posait pas, elle avait 17 ans, il en avait 22, ils avaient l'air bien ensemble. Le fait qu'elle soit une de ses élèves me gênait plus. Peut-être avais-je en moi les codes français qui refusent la relation sentimentale entre prof et élève, jugée transgressive.

20 octobre 2019

Élodie s'est greffée à notre rituel quotidien : on va au marché avant de rejoindre les bénévoles à l'office. Ensuite, on se rend au restaurant de la voisine où Élodie commande un pancake banane miel : « Je ne mange pas vos trucs bizarres, moi », en nous fixant, Tummy et moi, qui dégustons nos friandises locales. Élodie n'a toujours pas réussi à se faire à la nourriture, la bière en revanche, elle a appris à l'apprécier, avec beaucoup de glaçons. On croise Tee qui vient chercher une bouteille de lait de soja. Moi aussi, je suis fan du lait de soja en petite bouteille.

Comme Tee, on a baptisé la voisine « Mè » (ແມ່), maman en lao. Il est de coutume d'appeler les personnes plus âgées que soi « grand(e) frère/sœur » ou « maman/papa » ou « petit(e) frère/sœur » si elles sont plus jeunes, même si on ne les connaît pas.

Pendant le petit-déjeuner, je ne peux m'empêcher de parler boulot. Élodie et Maéva me reprennent sans cesse. « Ce n'est pas le moment » ou « Il faut couper », surtout le soir à 23 heures lorsque je suis toujours en train d'envoyer des mails ou d'arranger le planning des bungalows pour les nouveaux volontaires. Je me fais disputer puis, désespérée, Maéva me dit : « Fais-moi voir ça » et on se retrouve à discuter boulot jusqu'à pas d'heure. J'essaie de ne plus travailler à la maison, de me fixer des règles et des horaires, mais j'ai l'école dans la peau. Je ne peux m'endormir sereine. J'ai mille choses qui tournent en boucle dans ma tête, surtout en lien avec nos problèmes d'argent. Tous les mois, c'est un combat pour trouver de l'argent. J'angoisse, me demandant comment je vais payer Tee et Noa.

Élodie et moi passons nos journées à promouvoir l'association, trouver des contacts et des partenaires. Ce qui fonctionne le mieux pour l'instant, ce sont les cagnottes partagées sur les réseaux sociaux. Admettons que chaque volontaire ait un ou plusieurs contacts, la cagnotte pouvait être vite pleine, mais cette déduction ne reposait que sur mes suppositions.

J'ai espoir parce que la métaphore « Nous cueillons ce que nous semons » se vérifie souvent. Un matin, j'ai reçu un mail du manager régional de Maped Asie, m'annonçant que l'entreprise souhaitait soutenir l'association par des envois de fournitures scolaires. Nous avons donc reçu notre premier colis de Hong Kong. La structure nous a aussi proposé de lancer un concept « Maped Academy

Laos ». Maped nous procurait les fournitures nécessaires aux activités de l'année et créait un label « Maped Academy Laos » en contrepartie de photos publicitaires et d'avis sur l'utilisation des produits de la marque. C'était pour nous une opportunité incroyable, allant au-delà de mes espérances. Nous recevrions bientôt un nouveau colis et une bannière Maped au nom de notre école.

Il est 19 h 30, c'est l'heure de fermer l'office. Les volontaires ne vont pas tarder à rentrer des cours. Je descends de mon nuage quand Élodie me saute dessus, accompagnée des enfants de Mè qui me montrent, fiers, leur joli tag sur le mur de l'office. Je m'assieds par terre, appréciant particulièrement l'instant.

Depuis l'incident du minibus, cette femme qu'Élodie avait plus ou moins réanimée, je vois les choses autrement, j'ai eu tellement peur de laisser la vie filer entre mes doigts que je veux la prendre à pleines mains.

31 octobre 2019

Halloween n'est pas une fête que les Laotiens ont l'habitude de célébrer. Malgré la réticence des autorités vis-à-vis des traditions occidentales, on a pris l'initiative d'organiser une fête fondée sur le partage. Les volontaires et les habitants du village ont rendu l'événement unique et mémorable aux yeux des enfants. On a organisé une chasse au trésor géante entre le village de N.K. et Sophoun. On a divisé les élèves par groupes auxquels on a attribué un volontaire. Les autres bénévoles attendaient aux différents points relais en compagnie des propriétaires des guesthouses, restaurants, et agence de trekking qu'on avait préalablement sélectionnés, pour donner l'indice suivant et quelques bonbons d'encouragement. Le dernier indice se trouvait dans le restaurant de Pinkeo. Les enfants devaient ensuite attraper le fantôme « errant » qui les conduirait au site où nous les attendions avec le trésor : des kilos de bonbons et une immense marmite de soupe à la citrouille.

Grâce à la quantité de peinture, de feutres et de crayons de couleur offerts par Maped Asie, on a créé des décors réalistes et maquillé tous les enfants. Volontaires, Laotiens et touristes, tous ont joué le jeu. Les enfants étaient sceptiques au début, puis lorsqu'on en a convaincu un, ils ont finalement tous accepté d'être grimés. Une fois la fête terminée, ils se sont empressés de tout enlever avant de rentrer afin de ne pas offenser leur famille. Ils avaient eu la même attitude lorsque nous avions fait une bataille de peinture après nos travaux. Les jeunes Lao sont sur la retenue.

Plus d'une centaine d'enfants se sont joints à la chasse au trésor et se sont démenés pour élucider les indices. Je suis une fois de plus surprise par autant de motivation et d'intérêt. Cela me fait chaud au cœur. Les équipes ont arpenté les deux villages en long et en large, ont fait preuve de solidarité, transformant leur dualité en complicité, animées par le même but : trouver le trésor !

5 novembre 2019

Franck, le père d'Élodie, nous a rejoints, accompagné d'amis et de valises remplies de fournitures scolaires, de « goodies » NK English School, de maillots et ballons de foot, pour le plus grand bonheur de Noa, de chocolat pour Tee. J'ai du mal à savoir pour qui Noa a le plus d'intérêt : sa petite amie ou le foot ?

L'amie de Franck travaille en France dans un établissement spécialisé pour jeunes en difficulté et en situation de handicap, chacun a écrit une lettre à l'intention d'un élève de NK English School, tous ont réalisé une vidéo de présentation de leur école. Je vous laisse imaginer la tête de nos élèves en voyant l'école française. Je crois que ce qui les a le plus surpris, c'est la cuisine.

Franck et ses amis étaient sidérés par la débrouillardise des enfants qui, à cinq ans à peine, savent manier le couteau et faire à manger comme les grands.

Nos élèves s'en sont donné à cœur joie en répondant aux lettres. C'était l'occasion de mettre en pratique ce qu'ils avaient appris les dernières semaines. Toutes les classes ont joué le jeu. Même les plus petits. Nous nous sommes d'ailleurs rendu compte que l'alphabet était loin d'être acquis pour eux. Ils sont très hésitants et beaucoup confondent les p, d, b. Apprendre l'alphabet anglais n'est pas anodin, parce qu'il est très éloigné de leur propre langue.

Bouleversés par la considération et l'accueil des élèves, Franck et ses amis ne retiennent plus leurs larmes. La culpabilité qu'éprouve un Occidental quand il se rend dans un pays comme le Laos qui a si peu. Franck m'a dit avoir beaucoup appris au contact de l'humilité laotienne.

Nong Khiaw en soi est spécial. Les enfants rendent le village encore plus spécial. Plus les jours passent, plus je comprends pourquoi j'ai choisi de faire ce que je fais. Le désir d'apprendre de ces enfants est vraiment motivant. Chaque élève a sa raison de vouloir apprendre et chacun a sa propre histoire. Chacun la partage dans sa lettre.

Je ne participe presque plus aux cours. À part à celui du soir, avec mon groupe d'adultes au sein duquel je bosse mon lao. C'est le seul moment que j'ai avec les élèves. Les voir si peu me manque. Tee me répète sans cesse de venir de temps en temps, car les élèves aimeraient bien me parler mais je ne prends plus le temps, je suis toujours à l'office.

De l'office je vois arriver Élodie, agacée ; une fois de plus, on lui a pris ses claquettes qu'elle avait laissées comme tant d'autres devant la salle de classe. Tout le monde se fournit au même magasin et porte des claquettes « made in China »[112]. Le fait est coutumier et j'en ris toujours autant.

7 novembre 2019

Depuis son opération, Tummy ma fidèle parmi les fidèles, a retrouvé son panache et son rituel : le matin 6 heures au marché, rendez-vous avec les copains, 8 heures petit-déjeuner chez Mè ou à *Couleur Café* (un nouveau restaurant) en ma compagnie, diverses activités allant du jeu à la baignade avec les volontaires avant les cours, sans oublier la sieste indispensable à cette vie trépidante. Finir la journée par la course à pied, moment d'intimité et de détente aussi bénéfique pour elle que pour moi.

À la suite de notre conversation à l'office, nous nous étions mis

112 Fabriqué en Chine.

dans la tête que nous devions nous détacher de l'école publique. Aussitôt, Tee et moi arpentions Nong Khiaw à la recherche d'endroits où nous pourrions nous installer pour créer notre propre école. J'avais l'impression de me retrouver un an plus tôt lorsque je faisais mes recherches avec Sabou. Ce souvenir m'angoisse et me replonge dans cette période difficile. J'ai la boule au ventre. À nouveau, je me demande si ce que j'entreprends est judicieux. Je me rassure en me disant que cette fois je ne suis pas seule.

La peur, le doute ne m'empêchent pas d'agir. J'ai mis une annonce sur Workaway proposant un poste de communication sur du long terme, alliant marketing et recherche de financements pour nous aider à atteindre notre but. Adrien, un jeune entrepreneur, m'a contactée et nous nous sommes retrouvés en visio pour discuter de notre désir d'émancipation. J'étais à la fois en stress et très excitée à l'idée qu'une personne diplômée puisse s'intéresser à ce que je faisais. J'enfilai alors ma casquette de directrice après avoir répété plusieurs fois mon texte. Je ne pouvais pas laisser passer l'occasion.

Je venais de recruter un nouveau membre. Moi, Mélissa Lansmant !

En attendant sa venue au mois de décembre, nous travaillions ensemble à distance sur le dossier de présentation et sur les plans de notre future école qui ressemblaient au croquis que j'avais réalisé avec Sabou, en beaucoup plus travaillé et sophistiqué.

Cette fois, c'était concret. J'étais enthousiasmée par ce nouveau challenge et inquiète à l'idée de quitter l'école publique. Encore une fois, j'avais peur d'aller trop vite, d'être trop ambitieuse, je doutais aussi de ma capacité à absorber une surcharge de travail.

18 novembre 2019

Nous sommes victimes de notre succès, nos bungalows sont « bookés » des semaines à l'avance.

La plupart des volontaires n'ont aucune expérience de l'enseignement mais leur volonté est forte, chaque jour ils viennent avec de nouvelles « clés » et essaient de faire un peu mieux que le jour précédent. Chaque jour est une nouvelle expérience. Je prends soin de chacun d'entre eux. Depuis l'incident dans le minibus, j'ai pris conscience que la vie n'est pas une certitude, je veux apprécier davantage chaque instant, être présente sans retomber dans mes travers où j'ai la tête sous l'eau. J'ai tant de reconnaissance pour toutes ces personnes que j'ai rencontrées depuis la création de NK English School. Chacun a le désir profond d'apporter sa pierre à l'édifice, chacun a le même but. Les liens se créent vite et sont forts, si différents des liens superficiels que je tisse en France. J'ai du mal à mettre des mots sur ces relations parce que les relations se vivent plus qu'elles ne se disent. Je peux dire que ce que nous partageons est exceptionnel : les moments à l'école avec les enfants, la vie en communauté, les baignades dans la rivière, les soirées karaoké, au nightclub de Nong Khiaw. Nous y retrouvons souvent les élèves du groupe adulte, Pin, Vath... nous rassemblons alors nos tables, nos bières et dansons la Tecktonik sur des musiques thaïes. Une nuit dont je me rappellerai, nous avons même eu la chance de voir Tee et Noa danser, Noa qui d'ordinaire est plutôt réservé. Nous travaillons et ensemble nous savons nous amuser.

Certains volontaires partent et reviennent quelques semaines après avoir voyagé dans les pays voisins, car NK English School leur manque. D'autres, comme ce groupe d'Anglais qui avait prévu de rester seulement deux semaines, décident au dernier moment de prolonger leur visa et de rester un mois de plus. C'est alors le désordre dans le planning des bungalows. Maéva râle un peu mais réussit toujours à trouver une solution, elle est la reine de l'organisation.

Le va-et-vient d'autant de volontaires nous permet d'améliorer nos conditions de vie. Pendant qu'ils enseignent, de nouveaux aménagements s'accomplissent sur le site.

Vath nous laisse dorénavant utiliser la totalité de l'office. Nous procédons donc à un nettoyage intégral du lieu et peignons tous les sols. Tâche ingrate qui brûle les yeux, car la peinture est mélangée avec de l'essence. Nous avons maintenant une grande pièce à vivre, une salle de réunion et de préparation des cours, un bureau où nous rangeons toute la paperasse administrative et un grand balcon.

Nous fabriquons un muret et un portail devant l'entrée du site, une grande étagère afin de stocker le matériel Maped, et nous rafistolons des bancs et des tables que nous avons récupérés à l'école publique. Les bungalows ont subi un petit check-up, le plancher commençait à nous lâcher, nous l'avons rafraîchi.

Depuis que l'école gagne en notoriété, beaucoup de touristes curieux se joignent aux classes. C'est permis. L'école n'est pas un sanctuaire. Certains ne se gênent pas pour entrer dans la classe et prendre des photos. Une des règles premières est de demander aux enfants s'ils veulent être photographiés. Certains posent et adorent ça mais d'autres, plus timides, sont très mal à l'aise. J'ai remarqué que les touristes prennent leurs aises à l'étranger. Je pense qu'une telle action en France serait qualifiée de voyeurisme et qu'en y réfléchissant, elle ne se produirait pas, car on n'entre pas dans l'école française comme dans un moulin. Pour éviter ces comportements, j'ai demandé aux volontaires d'appliquer la règle suivante : aucune personne extérieure à l'école n'a le droit d'entrer : « This is not the Moulin rouge! »[113], tout de même.

L'activité la plus fun fut la réalisation d'un « twister » géant dans la pièce à vivre. Maéva a mesuré et dessiné chaque cercle au centimètre près, je n'exagère pas. Lors de l'étape peinture, il valait mieux pour tout le monde faire preuve de minutie. Quant à moi, je n'ai pas

113 Ce n'est pas le Moulin Rouge !

eu le droit de toucher à un pinceau ; considérée comme trop maladroite, résignée, je me suis contentée de prendre des photos.

Pour revenir à nos volontaires, ils ne sont pas tous les jours faciles à gérer parce qu'évidemment il arrive qu'il y ait désaccords et disputes. J'ai dû, en tant que directrice, renvoyer un volontaire qui causait quelques désagréments. Il partageait les classes avec Tee et avait du mal à se plier aux consignes et à la vie en communauté. Tee a quitté le cours hors de lui. J'ai alors compris que je n'avais pas su réagir assez tôt alors que Tee était à bout de nerfs depuis plusieurs jours même si, en Lao qu'il était, il restait calme en apparence. Je commence à le connaître mais j'ai encore à apprendre sur le mode de fonctionnement des Laotiens.

Il y a aussi les volontaires qui tombent malades ou qui tombent de scooter, autre maladie. Un soir, trois volontaires se sont retrouvés en même temps à l'hôpital. Une belle équipe de vainqueurs ! Solidaires, nous les avons rejoints pour passer la soirée avec quelques bières. Ils n'avaient rien de grave. « Niok mot ! »

29 novembre 2019
Luang Prabang

Afflux de volontaires ne signifie pas afflux d'argent. Dommage.

À cause du bruit et du monde que généraient nos soirées caritatives du samedi au site, les autorités y ont mis un terme. Manque à gagner évident, si petit soit-il, et publicité en berne. Les règles, contre lesquelles nous ne pouvons rien, sont assez strictes dans le village : le couvre-feu à 23 heures en est une qui s'applique à tout résident de Nong Khiaw.

Pour renflouer nos caisses, on a organisé une tombola à Luang Prabang.

Maéva a imprimé plusieurs grilles comportant 100 cases, avec une case gagnante sur deux afin d'inciter le plus de gens à participer. On a fait le tour des bars et restaurants de Luang Prabang, et la plupart, très généreux, ont accepté de nous offrir en guise de lots des bons pour une boisson ou un repas gratuit. Ajoutés à tous les « goodies » que Franck et Élodie ont apportés, à nos paquets de pailles, on a de quoi faire. On a passé plusieurs soirées sur le marché où les touristes se rendent à la tombée de la nuit à vendre des billets de tombola, malgré moi, j'ai interpellé des gens au risque de me faire éconduire. On a récolté un peu plus de 2 000 000 de kips (200 euros). Peu pour le temps passé et l'énergie fournie mais pas négligeable. Tee et Noa me coûtent chacun 200 euros par mois. Chaque fin de mois, je dois courir après l'argent, à la longue, je suis usée.

Certains partent, d'autres arrivent. L'enchaînement se fait plutôt bien.

Élodie, Franck et ses amis partent pour laisser la place au jeune Français fraîchement recruté et à mon ami Séb qui jusque-là m'a soutenue par ses messages. Je me réjouis des nouvelles rencontres et de la nouveauté que chacun est susceptible d'apporter. Je n'ai pas le temps de m'ennuyer.

Maéva, elle, est retournée passer les fêtes en France. Elle sera de retour d'ici un mois. J'avoue que son absence m'angoisse, je perds le maillon organisationnel de l'école.

Avant de nous quitter, nous terminons par un moment de partage « gravé » à vie. À tour de rôle, nous nous faisons tatouer un souvenir du Laos, entre bières et sourires. Un moyen de garder en nous et sur nous ce que nous avons vécu ensemble. Au fur et à mesure des mois, mes bras se colorent, je me laisse faire comme si j'avais peur que les souvenirs disparaissent. J'ai besoin de les graver sur mon corps pour être sûre qu'ils sont bien réels.

Partants, arrivants, la vie va. Assise un verre devant moi, j'observe. Tout le monde a l'air de s'amuser et les volontaires se sont vite intégrés. Je peux me détendre. Il est connu que les amitiés se forment plus rapidement autour d'un ou de plusieurs verres.

Les boissons sont de plus en plus alcoolisées. Les volontaires proposent un jeu : « Never I have ever. »[114] La règle est simple : à tour de rôle, chaque joueur énonce une phrase débutant par « Never I have ever... » racontant un acte qu'il n'a supposément jamais accompli. Tous les participants ayant déjà réalisé l'acte en question doivent alors boire une gorgée, imités par le locuteur.

Les sujets sont plus intimes, transgressent les codes. Pendant que certains racontent leur action, les autres dansent ou s'embrassent en se charmant du regard, sans distinction de sexe. Chacun est libre d'être soi, se moquant complètement des convenances. Si ce n'est pas à l'autre bout du monde que je retire mon masque, je ne le retirerai jamais.

Je me prête au jeu, sous le regard à la fois surpris et sans jugement de mes amis et des volontaires.

L'homosexualité n'est pas taboue au Laos, on est accepté pour ce qu'on est et non pas pour son orientation sexuelle. J'avoue que je ne m'attendais pas à une telle tolérance. Les garçons gays que j'ai rencontrés au Laos vivent leur relation au grand jour.

Le tuk-tuk klaxonne. C'est l'heure de partir pour la boîte. Entassés, les uns sur les autres, nous arrivons au *Daoufa*, une boîte typiquement laotienne. L'ambiance est semblable à celle de Nong Khiaw. Dans les toilettes pour femmes, nous pouvons nous procurer quelques friandises : des sucettes fluorescentes, de la mangue au piment, des chewing-gums ou du maquillage auprès d'une femme endormie, étalée sur le canapé au milieu de peluches, il faut alors la réveiller pour acheter. Bopenyang !

Voilà une soirée de départ et d'intégration en bonne et due forme. J'espère ne pas avoir fait fuir nos nouveaux membres qui sont restés sur la réserve. J'ai peur qu'ils ne m'aient pas trouvée conforme.

---

114 Je n'ai jamais...

1er décembre 2019

Luang Prabang – Nong Khiaw

Les volontaires sont avachis sur le banc, encore pompettes de la veille, essayant de reprendre des vitamines au soleil, attendant le départ du minibus pour Nong Khiaw. J'en profite pour prendre un moment seule avec Séb. On s'assoit dans un endroit reculé, voyant toujours les volontaires et le minibus enseveli sous une montagne de sacs, le chauffeur sur le toit continue à charger.

On déjeune d'un poisson grillé, de sticky rice et de piment. « Ça me rappelle le Cambodge », me dit-il en souriant. Séb a tout un passé avec ce pays. Lui aussi, il a déjà eu plusieurs vies. Une assez douloureuse qu'il ne m'a pas encore totalement dévoilée, qui lui a beaucoup appris et qui l'a modifié. Comme je serai modifiée après mon expérience laotienne. Ses conseils me sont très précieux et je sais que sa venue aujourd'hui n'est pas un hasard.

Séb installé, nos discussions épuisées, j'organise une réunion à l'office. Comme si nous courions après le temps. J'étais surtout très impatiente, nous l'étions tous. Autour de la table, Adrien, mon ami Séb, Amandine et moi-même.

Amandine, déjà venue en avril en tant que volontaire, a décidé de revenir pour mettre en pratique son projet environnemental autour du recyclage des déchets, qui lui tenait à cœur depuis son premier passage. Par les explications qu'elle nous fournissait, nous nous sommes rapidement rendu compte que l'enjeu était de taille et d'un commun accord nous avons décidé d'intervenir à Nong Khiaw. Le monde entier est concerné par le surplus de déchets plastiques. Au Laos, la population, pour différentes raisons, n'est pas concernée par le recyclage du plastique. Nous nous devions dans un premier temps de la sensibiliser.

Il fallait commencer par former les professeurs afin qu'ils puissent informer leurs élèves. Tee et Noa, tout heureux de participer « à cette campagne », étaient partants.

Amandine était passionnante, car elle imaginait les choses en grand, adaptables dans tout le village. Elle captivait notre attention d'une voix claire, ses mots étaient précis, ils exprimaient la volonté de placer des poubelles dédiées aux déchets plastiques. Amandine en voulait partout, à proximité du stade, des berges, ou encore près de l'école, elle proposait aussi d'organiser des journées de ramassage de déchets avec les élèves. Pour aller encore plus loin, elle voulait construire des machines à broyer et faire fondre le plastique afin de créer des objets recyclés.

À mon tour, j'exposais aux autres ma vision de notre nouvelle école. En plus des cours de français pour adolescents et adultes que je souhaitais mettre en place, j'envisageais des cours de géographie pour faire voyager nos élèves. Il était important pour nous de leur faire découvrir ce qu'il y a en dehors du village et au-delà des frontières de leur pays. Chaque nouveau volontaire se présentait et pointait du doigt le pays d'où il venait sur l'immense mappemonde peinte par Kelly. Ce serait magnifique de voir les enfants s'émerveiller devant la magie de l'inconnu.

À travers nos cours, nous voulions leur montrer un univers qu'ils ne connaissaient pas. L'anglais ne nous suffisait plus, nous souhaitions leur apporter de nouvelles connaissances.

J'ai fini tant bien que mal par accepter la relation complexe entre Amandine et moi. De ce fait, nos actions envisagées pouvaient enfin être soumises aux locaux qui les avaient validées. Nous sommes allées jusqu'à la fusion de nos deux projets et associations : Fastknuddeln et

Seedhub, rebaptisées NK SEEDS un peu plus tard. J'étais convaincue que nos deux projets réunis auraient plus de poids. Plus nous sommes, pour un peu que nous soyons viables et solides, plus grande est l'énergie, plus les choses avancent. J'ai pu m'en rendre compte ces derniers mois avec l'afflux des volontaires. J'y croyais.

Nous avions un beau projet pédagogique et grâce à l'aide de Séb, ayant de larges connaissances dans ce domaine, une structure écoresponsable, respectant notre environnement, comprenant la mise en place de panneaux solaires, un récupérateur d'eau de pluie, une phytoépuration pour réutiliser l'eau nécessaire à l'arrosage du potager et enfin des machines pour recycler les déchets plastiques.

L'objectif premier reste la sensibilisation des villageois à l'écologie. Le second objectif est d'avoir une rentrée d'argent pérenne en vendant les objets fabriqués avec le plastique recyclé.

Adrien a mis son costume de commercial mais dans un contexte où l'humain, la solidarité et surtout l'amour de l'autre priment. Amour, un mot qu'il avait du mal à utiliser. En entreprise, on parle plutôt de « stratégies », de « chiffres d'affaires » ou de « business plan ».

Il nous expliquait la satisfaction qu'il éprouvait lorsqu'il signait de gros contrats de plusieurs milliers d'euros, lorsque ses résultats augmentaient, lorsque d'autres commerciaux l'applaudissaient pour le féliciter, il était animé. Mais au fil des mois, cette motivation liée au gain ne lui suffisait plus. Il lui manquait cette part d'humanité qu'il était venu chercher à Nong Khiaw. Le développement du projet écoresponsable le motivait et il comptait bien mettre en pratique ses compétences.

10 décembre 2019

Les jours passaient et notre envie croissait, repoussant nos limites et la fatigue.

C'était intéressant de voir comment les uns et les autres appréhendaient les choses. Comment je trouvais les mots. Comment Adrien et Amandine essayaient de les trouver pour rédiger emails et dossiers. Comment Séb essayait d'apporter moins de formalisme et davantage de cœur.

Adrien avait eu l'idée de prendre contact avec cet artiste de Bordeaux, Oz Artiste, capable de transmettre des émotions de « ouf » à travers ses portraits. Il se disait : « Pourquoi ne pas mêler l'art et la solidarité et peindre pour aider financièrement les enfants de Nong Khiaw ? » Il a pianoté sur le clavier de l'ordinateur pour lui envoyer l'email le plus cordial possible expliquant le projet très brièvement. Je me rappelle que c'était dur pour lui, car il ne rédigeait pas un texte de négociation commerciale, il lui fallait être original, ouvrir son cœur à son destinataire.

Les choses sont allées très vite, Oz Artiste nous a répondu, nous avons organisé une visio pour lui faire découvrir notre univers et lui expliquer précisément ce que nous attendions de lui. Oz Artiste nous a écrit avec la plus grande sincérité, se confiant même sur son enfance difficile. Enfant venant de quartier défavorisé, il a été touché par notre démarche et n'a pas hésité une seule seconde avant d'accepter de collaborer avec nous. L'idée était de peindre des portraits d'enfants, puis de les vendre. L'argent récolté irait au profit de notre association. L'artiste avait un plan bien défini dans la tête, celui de faire jouer son réseau et avait tendance, comme nous, à voir trop grand. Il était prêt à tout pour nous aider, nous en étions sûrs.

« Grâce à vous, j'ai l'impression de peindre pour la première fois, car je préfère mille fois peindre pour des enfants que pour des galeries. »

15 décembre 2019

Dès que j'en avais l'occasion, je m'évadais avec Séb. J'avais besoin de prendre du recul, toutes ces idées qui volaient dans tous les sens me procuraient des maux de tête quotidiens. Les moments avec Séb m'apaisaient.

Il était inquiet de « ma petite mine ». À lui, je ne peux rien cacher. Mon masque tombe et je dévoile ma vulnérabilité.

J'ai emmené Séb dans « mon » endroit secret. Un endroit magnifique au bord de la rivière où très souvent je venais voir le départ et l'arrivée des bateaux. En un instant, Séb me fait prendre de la hauteur et m'invite au détachement. Ce n'est pas facile. Le poids que je porte ne quitte pas mon ventre.

Mes yeux sont fermés. Séb pose sa main sur moi et commence à me raconter son histoire.

« C'est sur le territoire khmer que tout a commencé et plus précisément à Phnom Penh, la capitale. J'étais jeune et ambitieux, la tête pleine de projets qui allaient me rapporter beaucoup d'argent. »

Il prend une grande inspiration et poursuit :

« À l'époque, j'étais sûr de moi, voire arrogant. J'ai débarqué dans la ville avec toutes mes économies dans le but d'ouvrir une discothèque. J'imaginais une énorme structure proche du port, je voulais être le meilleur. Alors j'ai lancé l'affaire et entrepris toutes les démarches nécessaires pour ouvrir le plus tôt possible. On m'avait mis en garde à propos de l'emplacement ou ma façon de travailler. Mais je n'en avais rien à "foutre". Avant de me familiariser avec mon lieu d'adoption, j'ai préféré avancer coûte que coûte pour arriver à mes fins. Quelques jours avant l'inauguration, j'ai reçu un courrier s'opposant à l'ouverture de ma discothèque. J'étais en train de perdre toutes mes économies. Pendant les semaines qui ont suivi, je me suis battu pour trouver des solutions, demandant de l'aide. C'était trop tard. Mon esprit et mon corps étaient affaiblis, je dégringolais au fond du trou. Un jour, la fille d'un proche, lors d'une conversation à distance m'a dit : "Séb, tu as une sale gueule". Électrochoc. Je suis rentré en France sans un sou et j'ai tout recommencé. »

Je reste sans voix. Je n'aurais jamais imaginé un Séb arrogant, lui dont j'admirais tant l'humilité. Cette histoire résonnait en moi comme une leçon qui me faisait me réveiller. Je venais de me rendre compte que je n'avais plus la tête assez froide.

Il enchaîne en me confiant sa conversation de la nuit dernière avec certains expatriés et locaux. Les autorités avaient eu vent de notre projet ambitieux et n'hésiteraient pas à intervenir pour y mettre un terme. Elles ne supporteraient pas de perdre en quelque sorte le contrôle sur leur village. La volonté de nous séparer de l'école publique, d'enseigner à l'occidentale était perçue comme une action colonialiste, c'était leur mot. En clair, si je ne stoppais pas tout ce qui était en route, je pouvais dire au revoir à NK English School. Je ne prendrais pas le risque que tout parte en fumée.

Je pense que nous avions oublié que nous restions des étrangers et qu'un pays communiste a des limites à ne pas dépasser.

À nos jeunes yeux, le projet que nous souhaitions mettre en place était positif pour le village, porté avec le cœur dans l'unique but de donner un enseignement à la population. Mais nous étions des Occidentaux, qui plus est, peu formés en matière de pédagogie.

Depuis que l'école est née, les villageois sont heureux et satisfaits du travail que nous avons accompli, alors pourquoi ne pas aller plus loin ? Telle était notre idée : aller plus loin.

Séb me fait comprendre que renoncer n'est pas un échec, que tout n'est qu'expérience.

Faire avec ce que nous avons et ce qui nous est autorisé. Ma décision est prise. Adieu le projet pédagogique et écoresponsable, adieu le nouveau site, l'émancipation, nous garderons la tutelle de l'école publique. Il ne reste plus qu'à annoncer la nouvelle au reste de l'équipe.

16 décembre 2019

Comme chaque matin, nous avions l'habitude de nous retrouver au *Coco Home*. Le matin suivant la discussion avec Séb, je suis venue en avance pour converser avec le gérant. Je vois les autres arriver au loin. J'ai du mal à garder mon sourire de façade. Des regards inquiets se rapprochent et se tournent vers moi. Une fois la conversation terminée, je gagne la table. J'ai la boule au ventre. Séb me fait un petit signe de la tête pour me soutenir. C'est le moment de parler. Silence glacial. Mon corps tout entier tremble. Moment crucial de mon aventure lao. Même désemparée par la déception des autres membres de l'équipe, je sais au fond de moi que j'ai pris la bonne décision et que désormais nous devons nous concentrer sur ce que nous avons déjà.

VIII
L'ABOUTISSEMENT

« Fais la paix en dedans, respire, tout est fluide. »

20 décembre 2019

Cet « échec » nous a mis un coup au moral, forcément. Nous avons laissé beaucoup d'énergie mais notre motivation est intacte. Notre décision nous a renforcés et nous profitons davantage du présent.

L'approche de Noël tombe à pic, à vrai dire. À nous de veiller au respect des conditions des autorités peu favorables aux fêtes occidentales.

J'ai pris beaucoup de plaisir à la préparation de la « Christmas Party » que nous avons organisée pour les élèves et aux activités du samedi après-midi. Les murs de l'office sont joyeux. Le samedi est une occasion merveilleuse pour les enfants de goûter à autre chose que l'école. Ils sont si excités. Ensemble, nous fabriquons de jolies guirlandes et des boules de Noël en carton, peintes, pailletées, ornées de pompons, d'autocollants et de toutes sortes d'accessoires que les volontaires ont apportés. Tee et Noa ont fabriqué un gigantesque sapin avec des branches et du bambou, car au Laos il n'y a pas de sapins. Chacun leur tour, les enfants accrochent à une branche leur création, tout fiers.

Le fait d'avoir des volontaires du monde entier ouvre à toutes les traditions de Noël, comme la piñata d'Amérique latine, et les biscuits en pain d'épice de l'Europe de l'Est. Pinkeo est ravie d'accueillir une fois de plus les volontaires dans sa cuisine.

Nous avons lancé à Adrien le défi d'arriver déguisé en père Noël qui offrirait des cadeaux aux enfants. Les déguisements de père Noël évidemment ne courent pas les rues de N.K., alors on improvise au moyen de torchons, coton, nippes rouges, colle, maquillage, lunettes. Je crois que notre père Noël est prêt à enfiler son déguisement pour arpenter le chemin de l'école. Il ne reste plus qu'à remplir la hotte de bonbons et attendre patiemment le jour J.

24 décembre 2019

Le grand jour est arrivé. Notre Christmas Party commence à 14 heures mais de nombreux enfants attendent devant le portail depuis déjà une heure. J'ai du mal à imaginer comment les choses vont se dérouler. Nous sommes tous impatients. Nous finissons d'installer les derniers préparatifs sur les stands de jeux.

C'est l'heure. Les enfants se ruent dans la cour. Tee et Noa rassemblent tout le monde et expliquent les règles de chaque activité. Nous en avons prévu occupant les lieux jusqu'à l'office, deux volontaires sont chargés d'un atelier. Dans la cour se trouve le chamboule-tout. Dans la cuisine, une équipe peint des visages de lutins et de père Noël sur des rondins. À l'office, dans la pièce à vivre, nous avons installé un atelier de création de chapeaux de Noël en papier cadeau. Sur le balcon, atelier pâte à sel et enfin, dans la salle de réunion, atelier décoration des pains d'épice. Les enfants restent environ vingt minutes par stand avant de tourner. Les activités durent deux bonnes heures. Les pinceaux, la peinture, le bois ou encore la pâte à sel laissent place à la créativité des enfants.

Leurs âmes d'artistes se réveillent et confectionnent de magnifiques totems rapportés à la maison comme des trophées. Il me revient en mémoire les bons moments que je passais avec mes grands-parents et ma sœur lorsque j'étais enfant.

Le moment crucial approche. Compte à rebours. 16 heures, goûter de pain d'épice, manière de patienter en attendant le père Noël. Mais que serait-il sans son lutin ? À la dernière minute, je scotche des oreilles de bambou et un chapeau en papier cadeau sur le premier qui passe. Père Noël, lutin arrivent sur mon scooter, à renfort de klaxons, la hotte et la piñata dans les mains. Les enfants crient de joie et se ruent sur nos deux stars. Première rencontre avec le père Noël, d'après moi, ils n'en ont jamais vu. Ils sont intrigués, rient beaucoup et ne se gênent pas pour tirer sur la barbe et toucher le ventre rembourré de coussins du gros monsieur. Surexcités, ils font la queue pour recevoir un paquet de bonbons, espèrent malicieusement une deuxième tournée.

Pendant ce temps, Tee et Noa tendent une perche et fixent la piñata. Les enfants se mettent en rond. L'un d'entre eux, les yeux bandés et muni d'un bâton, commence à frapper. Tous sont incontrôlables. Dès que la structure commence à se fissurer et laisse tomber quelques bonbons, les corps ne sont plus qu'une vague difficile à contenir. Au dernier coup, tous les bonbons volent dans les airs, la vague déferle et se remplit les poches.

La nuit comme l'effervescence tombe progressivement, nous avons allumé un feu pour nous éclairer et ressentir la chaleur des flammes. Les nuits sont de plus en plus froides, à tel point que nous avons dû acheter des couvertures.

Les enfants sont partis pour laisser la place aux ados et aux jeunes adultes qui sont venus dîner avec nous. Nous nous sommes rapprochés les uns des autres autour du feu puis une élève a sorti sa guitare. Ses amies l'accompagnent et chantent en laotien et en anglais, je revis la fête de fin d'année du mois de mai. Nous profitons de ce moment inouï, nous partageons l'amitié, ce qui ne nous empêche pas de manger quelques saucisses cuites au feu de bois.

Je fais quelques pas en arrière au propre comme au figuré, tout le monde prend du bon temps. Je serre Tummy dans mes bras, tout en buvant une gorgée de bière. Ce soir, je me sens apaisée et heureuse.

9 janvier 2020
Luang Prabang

Les gérants de *Couleur Café* ont préparé pour toute l'équipe un repas digne d'un Noël français. On a même eu droit à un peu de vin rouge. Contrairement au Noël dernier, j'avais presque l'impression d'être en France, auprès de ma famille.

Nous étions tous nostalgiques d'être loin de nos proches, si bien que nous retrouver tous ensemble devant un repas de Noël nous tenait lieu de convivialité familiale.

Nous avons fermé l'école une semaine pour les fêtes, ce qui nous a permis de créer un clip vidéo avec les élèves : *NK English School Kids*, sur la musique et le rythme de *Young Dumb and Broke* et aussi de rendre visite aux élèves de l'école d'anglais de Nam Thouam avec un gros paquet cadeau rempli de fournitures scolaires. Maped nous avait tant fourni qu'il y avait de quoi étudier durant un siècle. Ce n'est qu'un simple paquet mais il fait le bonheur de toute l'école. Cette modeste offrande était pour nous un geste de solidarité, notre façon de fêter Noël.

Je peux dire que nous clôturons cette année 2019 avec le sourire et des expériences.

Les deux semaines suivantes, je m'absente du Laos pour prendre des vacances. Je suis partagée entre l'excitation de retrouver mes proches et la tristesse de quitter N.K., Tummy.

Je retrouve Maéva à Luang Prabang, elle rentre tout juste de son séjour en France, afin de lui transmettre les rênes. Je lui fais part de toutes nos péripéties et l'immerge sur-le-champ. Je ne me fais aucun souci, l'école est entre de bonnes mains. Chacun sait ce qu'il a à faire. Malgré tout, je me rends compte que j'ai encore du mal à déléguer. En plus, les consignes de Maéva sont claires : pas de nouvelles de l'association pendant quinze jours, sauf en cas d'extrême urgence, « Si l'école brûle », par exemple. Ma foi ! Peut-être même qu'elle sera engloutie sous les eaux.

Je finis mon « debrief » en lui présentant les arrivées pour les deux semaines à venir. Elle a le sourire au coin des lèvres. « Tu t'améliores », me dit-elle en gommant et récrivant les noms des volontaires. Ouais, c'est ça !

Pani, la petite du *Mojo* rentre de l'école, excitée de nous voir ici. « Nam pan bor ? Nam pan bor ? »[115]

La marchande de glaces est son jeu. Elle nous présente les parfums qu'elle a dans le panier de son vélo en plastique. C'est devenu un rituel. Avec Maéva, nous nous amusons à celle qui dégotera la glace la moins chère. Pani fait en fonction de son humeur, et nous, nous pratiquons notre lao.

25 janvier 2020

J'ai essayé de respecter les consignes de Maéva pendant les deux semaines même si j'ai eu du mal. L'école n'a pas pris feu et les membres de l'équipe s'en sont très bien sortis, sans moi. L'absence aurait même pu être définitive.

Lors de mon passage au service de l'immigration à l'aéroport de Luang Prabang, j'ai eu quelques ennuis avec les autorités. J'ai passé une bonne heure dans une pièce, encerclée de policiers lao, traitée comme une criminelle, soumise à un interrogatoire. La couverture de mon visa touristique pour mes actions à N.K., mon emménage-

115 Qui veut une glace ? Qui veut une glace ?

ment sont jugés illégaux, il fallait s'y attendre. Je suis escortée à l'embarquement avec en cadeau une amende salée et l'interdiction de rentrer au Laos. Je suis foutue. Adieu Laos. Adieu NK SEEDS.

No way! Maly a plus d'un tour dans son sac. J'ai la chance d'avoir la double nationalité franco-suisse. Quand je suis revenue de voyage, j'ai pu m'enregistrer avec mon passeport suisse, je suis ainsi arrivée au Laos avec un passeport vierge, en simple touriste. Laos, tu ne te débarrasseras pas de moi comme ça ! Je n'étais plus française mais j'étais suisse et je débarquais pour la première fois sur le territoire lao.

Je retrouve Vath de passage pour « affaires » à Luang Prabang. C'est une joie, Vath, le sticky rice que je trempe dans ma sauce pimentée, moi, assise sur le siège neuf de son pick-up.

En route, nous passons à côté du barrage. Construit par les Chinois qui ont réaménagé les routes. Elles étaient en piteux état à cause des allers-retours des gros camions. On ne met maintenant plus que trois heures pour atteindre N.K. depuis Luang Prabang.

Je lui fais part de mes mésaventures de retour au Laos.

« Do you want a Lao passport? »[116] me dit-il, avant d'enchaîner sur ses potentielles magouilles, assez coûteuses pour obtenir un « fake »[117] passeport laotien. Cet homme n'a pas fini de me surprendre.

Il prend ensuite un air sérieux, tourne son regard vers moi et rebondit sur la rumeur qui court : nous affranchir de l'école publique. Il me reproche de ne pas lui en avoir parlé. Évidemment, tout se sait dans ce petit village. Il me raconte l'histoire d'un ami lao disparu il y a un an après avoir essayé de monter un projet tel que le mien avec un étranger. C'était si dérangeant pour les autorités qu'elles ont fait disparaître le Lao. Personne ne sait ce qu'il est

116 Est-ce que tu veux un passeport lao ?
117 Faux.

devenu. En ce qui concerne l'étranger, il a dû quitter le pays, suppose Vath, parce qu'il n'en a plus jamais entendu parler. Dois-je prendre cette histoire sordide comme une menace, un avertissement sans frais ? Je ne suis pas rassurée, j'ai surtout peur pour Tee, Noa ou Tummy. Finalement, il me rassure même si nous devons rester vigilants, car nous sommes observés en permanence. Tant que Vath sera à nos côtés, tout se passera bien, je m'en convaincs.

7 février 2020

Nong Khiaw

Je suis heureuse de retrouver mon village et de voir le travail accompli durant mon absence.

Amandine et Maéva ont de beaux cernes. J'ai cru comprendre que la gestion des volontaires n'avait pas été une partie de plaisir. Toutes deux avaient dû répéter les consignes, mettre le cadre, organiser le planning et prendre le relais de mon autorité.

Après mon retour, nous avons décidé d'officialiser la fusion de nos deux associations, associant nos deux pôles : le pôle Environnement (NK Environment) sous la direction d'Amandine et le pôle Éducation (NK English School) sous la direction de Maéva et de moi-même.

Afin de faire les choses dans les règles, nous avons envoyé nos nouvelles modifications sur le site du service public :

- Changement du nom de l'association désormais dénommée « NK SEEDS » : NK fait référence au village de Nong Khiaw. SEEDS signifie littéralement « les graines » et, au figuré, « ce qui est susceptible de germer ». De plus, SEEDS est l'acronyme des valeurs que l'organisation défend (Nong Khiaw Sharing, Education, Environment, Development of Solidarity).

- Modification des statuts (extrait)

Extrait :
L'association a pour objet :

– La solidarité à caractère international.

– La promotion et le développement des valeurs de solidarité, d'environnement et d'éducation.

– La recherche de moyens et de dispositifs en lien avec le projet et les règles locales.

– La mise en place de stratégies d'actions, qui répondent au mieux, aux nécessités locales dans lesquelles le projet s'implante, que ce soit socialement, culturellement et économiquement.

– La mise en œuvre d'actions visant à promouvoir la démarche et les objectifs de l'association.

– La vente de produits issus de l'activité de l'association pour contribuer à son financement. Les bénéfices potentiels provenant des activités lucratives ne seront pas redistribués entre les membres mais serviront uniquement au développement de l'association.

– L'établissement de tout contrat et l'accomplissement de tout acte juridique nécessaire à toute mission.

– L'embauche de salariés permanents, de vacataires et l'assistance de bénévoles.

– Désignation des membres du conseil :
Mélissa : Présidente
Maéva : Vice-présidente
Amandine : Secrétaire
Élodie : Secrétaire adjointe
Sandrine (ma mère) : Trésorière.

Maéva a du mal avec son statut de « vice-présidente ». Ce n'était pour moi qu'un simple mot sur un papier mais il nous fallait suivre les formalités de l'administration française. Je sentais que cette « responsabilité » lui pesait et qu'elle ne se sentait pas à la hauteur alors qu'elle l'était largement. J'essayais de la rassurer.

Elle répétait sans arrêt qu'elle ne faisait rien de ses journées. Il était 19 heures, quand elle disait : « Mais qu'est-ce que j'ai bien pu faire de ma journée ? J'ai l'impression d'avoir rien foutu. »

Nous avions tous cette impression, le temps passait si vite, consacré en grande partie à répondre aux volontaires, à les informer. Désormais, je suis chargée de tout ce qui est administratif les concernant et Maéva s'occupe de leur bien-être. Quand on s'organise, on est plus efficace et on se fatigue moins.

Comme en témoignent les fiches de poste, nous avons su trouver un certain équilibre et une organisation. Nous gérons mieux les volontaires qui sont chaque semaine plus d'une dizaine aux pôles Éducation et écologique. Ils arrivent pour deux semaines minimum le dimanche après 17 heures et repartent le samedi. C'est la règle. Ils sont réceptionnés et orientés dans leur chambre par les bénévoles déjà présents sur le terrain avant le rendez-vous du lundi matin. Je prends le temps de présenter NK SEEDS, à l'aide de grandes affiches racontant l'histoire de l'association, indiquant aussi nos frais annuels : tous projets confondus, coût des logements volontaires, dépenses inhérentes comprises, significatives pour l'eau et l'électricité. La paperasse remplie, je termine avec eux sur les objectifs et tâches de la semaine avant que Maéva ne répartisse les rôles en fonction des compétences.

Parenthèse : nous achetons l'eau parce que l'eau du robinet n'est pas potable. Des fourgonnettes passent deux fois par semaine pour nous apporter des barriques d'eau que nous redistribuons gratuitement.

À cause du va-et-vient des volontaires (et de la météo capricieuse), nous avons toujours quelque chose à réparer.

En faisant les comptes des dépenses de l'année 2019, nous avons constaté que chaque volontaire pendant son séjour coûte environ 10 euros.

Il est pour moi impensable de demander de l'argent aux volontaires nous donnant leur temps et leur aide.

Amandine a mis en place un planning pour la gestion du jardin et du compost. Anne-Lise, notre chargée de communication, a placardé partout des affiches rappelant les règles de maintenance du site. Avec Mè, la voisine des bungalows, nous avons mis en place un menu sur une semaine. Les repas sont variés et se présentent sous la forme d'un grand buffet. 20 000 kips (2 euros) pour manger ne paraît rien mais c'est un budget pour nos « backpackeurs » et pour nous qui vivons à l'étranger sans revenu depuis des mois. Pour pallier cette carence, nous avons mis en place des partenariats avec des restaurants faisant des prix sur la nourriture. Tout le monde y trouve son compte.

13 février 2020

NK English School se développe sous la forme NK English School for ALL : l'objectif est de donner accès à l'enseignement à tous les enfants, quels que soient leurs moyens financiers, en prenant en charge leurs besoins matériels (uniformes, matériel scolaire, logement, nourriture, rénovation des classes) et en leur permettant de poursuivre leurs études grâce à des parrainages avec des collèges ou middle schools. Notre équipe tend vers le même idéal qu'elle est capable par son union de convertir en une réalité tangible. Maéva et moi supervisons le pôle Éducation pendant que le nouveau pôle Environnement se met en place. Nous avons toujours l'accord du village pour le projet écologique d'Amandine, le seul problème, c'est que nous manquons de place. Alors Mè nous loue la partie sous l'office comprenant un grand espace à vivre et des chambres dans lesquelles nous souhaitons loger plus de volontaires. Amandine a avancé l'argent et s'est installée dans une des chambres. La maison dispose aussi d'un jardin semblable à une déchetterie qui, après nettoyage, a un bon potentiel pour la mise en œuvre du projet écoresponsable.

Il nous paraît évident que notre site de vie ait valeur d'exemple et soit construit avec des infrastructures plus respectueuses de l'environnement. L'équipe de NK Environment commence par aménager un jardin potager selon les directives strictes de ma grand-mère, revenue à N.K. pour passer un mois entier. Téméraire, elle est partie avec sa valise et a rejoint notre groupe de jeunes. Notre septuagénaire fait immédiatement l'unanimité auprès des bénévoles de NK SEEDS.

D'après Tee et Noa, il est très dangereux de creuser le sol à cause des mines qui y séjourneraient encore. J'ai du mal à croire que des maisons ont été bâties sur tant d'incertitudes, mieux vaut ne pas prendre de risque et écouter les locaux. Des histoires morbides de mines qui explosent en pleine face, ce ne serait pas la première fois que j'en entends.

Pour alimenter le jardin, Tee et Noa sont allés récupérer de la terre au bord de la rivière.

La sensibilisation au respect de l'environnement se fait un samedi sur deux. Les volontaires ont consacré tout un après-midi à ramasser les déchets autour de notre site et invité les élèves à les suivre. Une fois de plus, les jeunes sont motivés. Tous arborent de beaux sourires, sont armés de gants et de sacs-poubelle. Une jolie initiative. Cependant, nous nous sommes rendu compte de plusieurs choses : premièrement, que faire des déchets une fois collectés ?

Étant donné l'absence de structure pour la collecte, le tri et le recyclage des déchets, tout est déversé au même endroit, dans un champ, puis brûlé au mois d'avril.

L'idée est d'atténuer la pollution, de préserver les cultures, l'eau dans laquelle on pêche, se baigne, l'air ambiant déjà extrêmement pollué au moment des brûlis en mars-avril. Si les déchets sont jetés dans la nature, ils seront alors brûlés, polluant l'atmosphère et intoxiquant les populations en entraînant de nombreux problèmes respiratoires.

Bon, c'est une première approche, les étudiants se sont montrés intéressés et concernés par les explications de Tee et Noa déplorant les nombreuses piles et télés retrouvées dans notre jardin. Nous avons imprimé un premier panneau au titre « L'histoire du pêcheur empoisonné » financé par deux volontaires, placé sur une route passante. Sans texte, il est accessible à tous, petits et grands.

Les jeunes voyageurs, volontaires ou non, parcourent l'Asie du Sud-Est, rencontrent divers projets comme le nôtre et grâce à la contribution de leurs proches, donnent un coup de pouce financier ou contribuent par leurs actions. Un jeune couple en congé sabbatique qui a créé l'association *Nez rouge et ballon* et partage avec les enfants le théâtre et le rugby, nous offre avant de nous quitter un conteneur qui servira à l'hébergement des machines pour recycler le plastique usagé en objets utiles (bols, assiettes, tabourets, gourdes, boîtes à mégots...).

Enfin, les membres de NK Environment ont réalisé que les enfants ne savaient pas différencier les déchets industriels des déchets organiques. De nombreuses feuilles et branches ont été retrouvées dans les sacs-poubelle. La sensibilisation a donc commencé par un PowerPoint suivi de petits jeux en plein air. À la suite de quoi les enfants ont été capables de savoir ce qui pouvait être composté ou non.

On a décidé de créer un compost, bénéfique à la fois à notre potager et à la planète, avec les restes de nos légumes, œufs ou riz.

Dans l'office, nous avons aménagé une salle de collecte et de recyclage du papier utilisé en classe et sur le site. L'objectif est de diminuer notre consommation de papier neuf et d'utiliser d'autres supports tels que les ardoises. Pour le traitement du papier, on s'est inspirés des méthodes de fabrication du papier à base de feuille de mûrier (Saa) à Luang Prabang dont je tiens à donner l'explication. Le papier récupéré est coupé en fines lamelles avant d'être broyé au mixeur dans un mélange d'eau pour former une pâte à papier que l'on étale sur un tamis dans un bac. Une fois le tamis retiré de l'eau, on le laisse s'égoutter et avec l'aide d'une serviette microfibre on absorbe le surplus d'eau. Enfin, on transfère la feuille sur une taie d'oreiller qu'on laisse sécher au soleil et qu'on étend comme du linge une fois sèche. Les volontaires ont fabriqué plusieurs tamis pour pouvoir créer plusieurs feuilles de papier à la fois. Après de nombreux essais, ils ont trouvé le dosage eau-papier pour obtenir la pâte parfaite : 1 tasse de papier tassé, 2 tasses d'eau froide, 1 tasse d'eau chaude et une dernière tasse d'eau chaude en cours de mixage.

18 février 2020

Chaque volontaire avant de partir laisse un peu de « soi ». Un coup de pinceau sur le mur, une planche, un lavabo neuf, une terrasse en bambou. C'est curieux les formes que peuvent prendre les différents « soi ».

De leur côté, ils repartent aussi avec un petit souvenir de NK SEEDS. Des souvenirs, un tee-shirt ou un sac floqué NK SEEDS, un tatouage. Notre voisin (le fils des propriétaires des bungalows) vient de rentrer du Vietnam avec l'art du tatouage, sur la peau. Autant vous dire que ce gars fait fureur dans le village à tel point qu'il a décidé de lâcher son apprentissage de tatoueur pour ouvrir dans la maison de ses parents un salon de tatouage. Je vous laisse imaginer « le business », car au moins un volontaire sur deux se fait tatouer. Chaque jour, il est « booké ». Les Lao eux-mêmes commencent à se mettre au tatouage. Réservée aux seuls Monk, aujourd'hui la mode du tatouage auprès des jeunes hommes se répand. Les femmes n'y sont encore pas venues parce que leur culture les en empêche.

Tee n'a pas de limites, chaque jour, il sort de chez le voisin avec un nouveau tatouage. Ses bras aussi commencent à se noircir. « Tatoo addict. »

Nous avons reçu un cadeau inespéré pour célébrer les un an de NK English School. Un couple de touristes nous a interrompus au beau milieu de notre réunion matinale avec un joli paquet de billets dans les mains : « We have something for NK English School. »[118] Merci à notre bonne étoile.

22 février 2020

Comme Tee l'année dernière, quatre étudiants de Luang Prabang viennent exercer un stage de trois mois chez Vath. À tour de rôle, chacun travaille avec nous, est formé au métier de professeur par Tee et Noa qui se débrouillent de mieux en mieux en anglais.

118 Nous avons quelque chose pour NK English School.

Nous avons commencé un nouveau partenariat avec Vath. Tous les samedis soir, nous organisons une soirée au profit de NK SEEDS sur son bar flottant. Chacun a un poste assigné. Maéva est l'organisatrice en chef de la soirée, elle attribue les postes, s'assure que tout le monde les respecte, munie de son tableau et de son crayon à papier.

De 12 h 30 à 19 heures, six équipes de deux volontaires arpentent en long et en large les rues de N.K., de la station de bus au bout du village jusqu'au *Viewpoint Resort* du côté de Sophoun pour promouvoir la soirée à l'aide de flyers et d'un discours bien vendeur qui attire les touristes. Ce n'est pas difficile de convaincre les jeunes. Avec « Party »[119] et « Free shot »[120] dans la même phrase, nous faisons l'unanimité. Nous voyons bien que c'est la seule chose qu'ils retiennent de notre présentation. Nous devons donc insister sur l'objectif caritatif de ces soirées.

Les familles sont les plus réticentes parce qu'elles ne veulent pas se retrouver parmi une jeunesse avinée. Je les comprends, c'est pourquoi j'essaie d'arrondir les angles.

Dans l'après-midi, une équipe rejoint Vath pour faire les courses et préparer le lieu de réception. Vath est peu organisé, souvent en retard. La plupart du temps, Maéva l'accompagne. Ils préparent ensemble le fameux Punch d'Alexis (un volontaire) : le meilleur punch du monde. Sa recette est une « tuerie ». Nous en vendons des quantités et jamais il n'en reste, ne serait-ce qu'une goutte. Le mélange est traître, encore plus que celui que j'ai bu jusque-là.

Tee et Noa s'occupent du barbecue à partir de 17 heures, avec le staff de Vath, ils préparent les brochettes de viande et de légumes, le fried rice et les assiettes de fruits.

En tout début de soirée, une équipe de volontaires réceptionne les touristes au point de rendez-vous après le pont, les charge à l'ar-

119 Fête.
120 Shoot gratuit.

rière du pick-up de Vath et les emmène au Pier[121]. Les gens aiment parce que cela fait exotique. Ensuite, une autre équipe accueille les touristes avec les « shooters » de lao lao gratuits, une autre présente notre stand mettant en avant nos « goodies » NK SEEDS, une dernière équipe derrière le bar sert les boissons bien méritées en fin de parcours. Les équipes de volontaires se succèdent jusqu'à minuit. Maéva passe toute la soirée derrière le bar, elle gère l'argent, les stocks et fait le service. Amandine est polyvalente, elle exerce toutes les tâches, selon les besoins et son humeur. Notre « Community Manager »[122] (Anne-Lise) chante et s'occupe de la musique, je peux dire qu'elle fait de la relation publique. Elle se joint aux tables des touristes pour faire connaissance, parler de l'asso, répondre aux questions et récolter des dons. Moi, je n'ai pas de tâche assignée, je vais là où il y a des besoins et règle les « couacs » d'organisation laotienne. À la fin de la soirée, je suis chargée de renvoyer gentiment (ou pas) ceux qui ont trop bu. Je suis obligée de reconnaître que nos samedis caritatifs sont un prétexte à boire beaucoup. Vath me vient en aide mais il est trop gentil et se laisse déborder. Videur ou videuse, c'est un métier. Un soir après avoir enfin réussi à mettre tout le monde dehors, j'ai retrouvé une quinzaine de personnes complètement ivres à l'arrière du pick-up de Vath. Impossible de les faire descendre. La liesse occidentale que Tee et Noa ont toutes les peines du monde à comprendre. Pour eux, le respect de la consigne horaire est évident. J'ai suivi le pick-up avec mon scooter sur la route sablonneuse en hurlant dès qu'il y en avait un qui osait se lever. Je peux vous dire que de mon côté l'alcool est vite redescendu.

Ces soirées sont pour toute l'équipe un moment de retrouvailles et de détente, même si elles nous épuisent. Derrière le bar, Maéva garde bien au chaud le punch « spécial volontaires » et Anne-Lise

121 Bar flottant.
122 Chargée de communication.

passe nos musiques préférées. Oui, le but est avant tout de nous amuser. Joindre le caritatif à l'agréable.

La soirée se divise en deux. Une première partie « chill », avec un concert au piano pendant le repas. La scène est ouverte à ceux qui souhaitent venir interpréter un morceau. C'est l'occasion d'écouter et de découvrir tout style de musique.

À 22 heures, c'est l'heure de faire tanguer le bar. DJ Anne-Lise prend les choses en main. Les pieds dans l'eau, tout le monde saute et danse sur *Dance Monkey*. Vath commence seulement à s'affoler une fois que l'eau a atteint les fils électriques. Il installe alors des kayaks sous son bar pour lui éviter la noyade. Maéva crie « Chiwawa » (code d'alerte) en retenant le frigo sur le point de chavirer, les bouteilles avec lui. Nous nous laissons emporter, Tummy avec nous, par cette immense « vibe » de bonheur. Plus moyen de s'arrêter.

L'effervescence passée, je retrouve Amandine et Tummy. Toutes les trois, nous nous endormons de fatigue. D'autres dans d'autres lits s'en donnent à cœur joie.

28 février 2020

Depuis que le restaurant *Couleur Café* dispose d'une nouvelle machine à café, il est devenu mon QG. Tous les matins, j'ai droit à mon cappuccino bien mousseux et quand j'ai un peu de temps et que le restaurant n'est pas trop bousculé, les gérants m'invitent à leur table pour le petit-déjeuner, je découvre chaque fois de nouvelles saveurs. J'aime beaucoup discuter avec eux, en lao avec l'épouse, en anglais et français avec le mari (Lat, ລັດ). Nous abordons des sujets différents mais celui qui revient souvent, c'est la colonisation chinoise au Laos ou la politique, deux sujets tabous. Contrairement aux autres Lao qui esquivent, le couple, comme Vath et Tee, parle librement et répond à toutes mes questions.

Il me fait part de son inquiétude pour sa famille qui vit dans le village de Boten en pleine évolution à cause ou grâce à la construction de la ligne ferroviaire destinée à rallier la ville de Kunming, au sud de la Chine, à Vientiane, la capitale du Laos, et à traverser toute la moitié nord du pays. Le village, dans le même temps, voit proliférer jeux, prostitution et trafics de drogue. Suite à la construction par les Chinois de diverses infrastructures, le village est devenu véritablement chinois. Le barrage que j'ai déjà évoqué et d'autres exploités par la Chine produisent de l'électricité uniquement pour les pays limitrophes. Les Laotiens, eux, sont alimentés par *EDL*[123], une entreprise publique basée à Vientiane, qui ne couvre pas encore tous les besoins du pays.

Les idéogrammes sont partout et le chinois mandarin est parlé majoritairement. Les uns après les autres, les Laotiens vendent leur terre aux Chinois, s'achètent de luxueuses voitures, dépensent tout leur argent et se retrouvent très vite sans un sou.

Beaucoup d'investisseurs chinois ont commencé à racheter massivement les terres afin d'y implanter des usines ou de grandes plantations, de bananes en particulier, qu'on trouve partout à Nong Khiaw.

La présence chinoise est importante dans le nord du pays, sujet à des trafics illicites (drogue, prostitution, armes, jeux...). Lat me fait part d'une rumeur selon laquelle des Chinois seraient venus à N.K. pour essayer de négocier un terrain afin de construire un casino. À ce jour, la transaction n'a pas eu lieu. Je ne peux que m'en réjouir.

Comme les Lao, je ressens de la méfiance et de la colère à l'égard des Chinois venant s'installer sur le sol laotien. Tee le crie fort : « I hate Chinese! »[124] Je le comprends, après les colons français, les Chinois s'emparent du Laos en un tour de main. Les Lao disent que c'est trop tard. J'ai le ventre retourné quand je l'entends. Ce pays est tellement beau. J'ai envie de me battre pour lui, contre l'inertie

---

123 Électricité du Laos.

124 Je déteste les Chinois !

ambiante parce que les gens n'oseront jamais se rebeller contre un gouvernement communiste qui brandit en menace la prison. Nombreuses sont les histoires de Lao disparus après avoir exposé leur opinion un peu trop fort au goût du gouvernement. Une amie de Pin, guide francophone, baisse la voix chaque fois que ses propos dépassent les limites de « l'entendable » pour les autorités, « On ne sait jamais… si quelqu'un nous écoute… ».

Je pianote sur les touches de mon clavier.

Parmi d'autres messages, je tombe sur un curieux message, provenant d'une école chinoise privée, souhaitant venir passer plusieurs semaines à NK English School afin de suivre nos cours. Je suis plus que surprise par cette demande. Cette école est prête à sortir un joli billet en guise de pot-de-vin. Évidemment, nous avons répondu négativement.

5 mars 2020

Conséquemment ou non à notre fusion, NK SEEDS est en pleine expansion et notre notoriété sur les réseaux connaît un pic. *Le Dauphiné Libéré*, journal haut-savoyard, a fait un article sur l'association, ce qui nous a permis d'avoir de nouveaux donateurs et plus de gens investis dans nos actions, comme cette petite fille de 9 ans (et sa mère) qui a réussi à impliquer son école bilingue. Nous n'en revenons pas, si gamine et si déterminée. Tout nous est donc ouvert. Des collectes de livres et des événements pour récolter des fonds naissent, se crée aussi un échange entre les élèves de NK English School et les élèves de l'*École Bilingue des Petits Kids* (Haute-Savoie), voilà un beau partenariat en perspective.

Amandine donne un nouveau souffle aux pages de notre site internet : *https://fr.nkseeds.org/* offrant aux gens la possibilité de s'impliquer autrement que par le bénévolat, c'est-à-dire en donnant par l'intermédiaire de la cagnotte en ligne. Un groupe de filles a lancé une campagne sur *Leetchi*, plusieurs mois avant son arrivée à NK SEEDS. Une partie de l'argent nous a été reversée et l'autre a été utilisée pour acheter du matériel scolaire couvrant les besoins de l'école primaire de Nong Ien, près de Nong Khiaw.

Nous avons aussi créé une page pour les écoles, ce qui nous a permis de trouver divers partenariats avec des groupes d'étudiants français de plusieurs facultés, qui, dans leur cursus, doivent participer à une mission de charité. Tous ont cherché à récolter des fonds au moyen de la cagnotte en ligne, d'événements en boîtes de nuit, de tombolas ou de la vente de gâteaux.

Une autre page est réservée à d'autres associations que la nôtre, comme *Football Side* ou bien *EQUALL*, souhaitant venir passer quelques semaines dans nos locaux pour promouvoir le football et le Freestyle Football. Les Lao sont fans de foot, ils sont servis.

Enfin, les entreprises et les particuliers partagent leurs compétences avec nous, des professeurs d'anglais confirmés nous font profiter de leur expérience professionnelle. Notre équipe est désireuse d'apprendre pour progresser. Tee et Noa ont gagné en confiance et ont été confortés dans leur rôle de professeurs, comme nous tous qui n'étions pas issus du sérail pédagogique. Chaque jour, nous devenons un peu plus enseignants.

Je suis soulagée, car je ne me préoccupe plus de l'argent comme avant. La fin de mois n'est plus un casse-tête.

C'est vrai que j'ai toujours cru en la bonne étoile de NK SEEDS, aux mots de Séb : « Si ce que tu fais est juste… »

Chaque fin de mois, lorsque je pensais que nous étions « foutus », notre bonne étoile veillait sur nous. *In extremis*, un don inattendu et généreux nous sauvait. Je me rappellerai toujours l'appel que j'ai reçu ce matin-là. Cette famille rencontrée en avril dernier, après son retour en France, avait décidé de fonder une association (*Planète 06*) et nous faisait don de 500 euros. Quelques jours plus tard, nous avons reçu l'argent sur le compte et j'ai pu payer les professeurs.

Depuis le début d'année, c'est plus simple. J'ai même l'impression que cela l'est trop. Lors d'une soirée caritative un samedi soir, un expatrié venant tout juste de s'installer à N.K. pour ouvrir son « business » s'est joint à notre party et souhaite, lui aussi, créer un partenariat avec nous. Notre association a même une notoriété dans le pays et de grosses organisations comme *ECC Elephant Center* ont entendu parler de notre modeste école d'anglais au fond de la jungle.

Nous avons organisé une nouvelle cagnotte en ligne afin de payer une partie de la location de l'office. En une semaine, nous avons récolté la totalité de l'argent : 1 000 euros couvrant 3 ans, les Lao aiment voir à long terme. Mè a demandé qu'on lui donne l'argent « en douce », au noir quoi, car comme je l'ai déjà dit, les Lao ont toujours besoin d'argent. Son frère a déjà dépensé tout le loyer de l'office dans les jeux d'argent.

Nous avons aussi reçu une subvention de 1 500 euros de la part de l'*Entraide internationale de Cluses* avec qui j'avais échangé lors de mon dernier séjour en France. Une aubaine, de plus, je suis preneuse.

Tee et Noa sont payés dès les premiers jours du mois de mars, dès les premiers jours du mois généralement. J'essaie de respecter cet engagement depuis le début, même si je connais leur tolérance. Au-delà de nos « statuts juridiques », nous sommes une famille solidaire. La gratuité de l'école nous tient à cœur et nous sommes prêts à faire des sacrifices pour notre idéal commun.

Chaque fin de mois, j'imprime deux fiches de paie signées et tamponnées, une pour le salarié et une pour l'association, avec la date, le montant (2 000 000 de kips) que je retire à l'automate à côté du site. Très souvent, l'argent est manquant. Je me rends alors à l'autre borne de Sophoun, en espérant pouvoir y effectuer mon retrait. Sinon, j'attends le jour suivant.

À la réception, Tee jette la feuille tandis que Noa, lui, la garde : « For souvenir. »[125] Ce n'est pas dans les habitudes des Lao d'avoir des fiches de paie. Nous sommes bien loin des us et coutumes français.

10 mars 2020
Phoukoun

Maéva et moi avons retrouvé la famille du *Mojo*. Khom, la sœur de Pew se marie. Elle nous a invités à son mariage dans le village familial (Phoukoun), un village khmu à trois heures de Luang Prabang. On s'y est rendus en tuk-tuk, plus question de laisser John au volant d'une voiture.

Pew est enceinte. On a bien cru qu'elle allait perdre les eaux dans le véhicule.

Khom a 19 ans. J'ai du mal à me dire qu'aujourd'hui nous célébrons son mariage. Elle est notre petite. Les soirées au *Daoufa* vont lui manquer, car les femmes, une fois mariées, n'ont plus rien à faire dans ce genre d'endroit. Le couple a prévu de partir travailler en Thaïlande. À mon regret mais avec mes encouragements.

La famille de Khom a eu du mal à accepter le mariage : le futur marié est le cousin de la future mariée. Règle absolue : ne pas fréquenter un homme qui vient du même village que le sien.

Nous nous promenons dans le village. Nous avons embarqué des enfants, dont Pani qui fait petite fille de la ville avec sa belle robe rose et ses chaussures de princesse. J'ai entendu John expliquer aux enfants que Pani ne parlait pas khmu, qu'ils devaient parler lao pour qu'elle comprenne.

Tous les habitants sortent de leur maison en bois sur pilotis,

125 En souvenir.

cessent leurs activités pour nous saluer. Nous avons droit à des sourires que nous leur retournons. J'ai l'agréable impression de me trouver en Ardèche.

Le mariage se déroule sur deux jours. La veille de la cérémonie, la famille et les amis proches se réunissent pour boire, manger, préparer le mariage. Les futurs mariés (censés être vierges) ne sont pas autorisés à dormir ensemble ce soir-là. Tous ensemble, nous avons partagé un cochon cuit au feu de bois et chanté des chansons khmu arrosées de bières et de lao lao. Je me sentais lao. Nous avons joué à chanter au rythme d'un genre de flûte. Le perdant devait payer sa caisse de bières, évidemment.

Il est 4 heures du matin, je me lève le dos « en vrac ». Depuis le mois de décembre, les températures ont chuté à N.K., Maéva et moi partageons le même lit. Je me suis habituée au confort du lit et dormir par terre, même le temps d'une nuit, est rude.

Une quinzaine de femmes sont assises, découpent en morceaux le buffle tué pour l'occasion. Qui dit mariage dit buffle, censé nourrir tout le village s'il répond présent à l'invitation. J'ai quelques haut-le-cœur.

Maéva fume une cigarette en compagnie des hommes. Elle est ronchon. On lui a rogné sa nuit de sommeil ! Seules les vieilles femmes, de préférence veuves, fument au Laos. Les autres ne s'y autorisent pas.

La mère de Pew nous fait signe de venir manger un morceau. Du sticky rice bien fumant, quelques légumes à l'eau et du piment que Pew est en train de piler dans le mortier. Un régal ! Les Lao me regardent avec des yeux ronds : « Jao mak pet lai lai, Maly ? »[126] Oui, j'adore le piment que je saupoudre généreusement sur mon plat.

« Ton estomac », me dit Maéva, les paupières mi-closes.

---

126 Tu aimes quand c'est très pimenté, Maly ?

Quand le directeur de l'école primaire a appris notre venue dans le village, il nous a invitées, Maéva et moi, dans l'école pour animer quelques activités en anglais avec les enfants. Dans la cour, les enfants se mettent en cercle autour de nous pour faire un jeu sur les parties du corps. En montrant les mouvements, nous chantons la chanson *Shoulders, knees and toes.* Timides, les enfants nous suivent jusqu'à en perdre le fil et s'essouffler. À voir les sourires des uns et des autres, je pense que l'activité a plu.

Le jour suivant, nous nous retrouvons à la cérémonie de bénédiction durant laquelle les mariés signent l'acte de mariage, à cette occasion, le marié remet la dot à la famille de la mariée. Nous attachons aussi les fameuses ficelles blanches aux poignets des mariés. Khom est magnifique, vêtue d'une jupe traditionnelle en soie lao, d'un chemisier en soie, ses cheveux sont ramenés en chignon orné d'or plaqué, elle porte un collier en or plaqué, des bracelets et des boucles d'oreilles.

Son mari, lui, porte une chemise en soie bleue et un pantalon de costume noir. Il est plus sobre que sa promise.

Tout le mariage se déroule chez la famille de la mariée. Une cinquantaine de tables sont installées au milieu de l'unique rue forcément principale qui passe devant la maison. Le village stationnera là pour la journée.

La cérémonie terminée, c'est l'heure des photos. Nous posons avec la famille. Le buffle du matin se retrouve cuit dans des bols en plastique. La bière attend preneurs. J'essaie d'éviter les culs secs. Impossible. « Niok mot » à tout va. Je finis par dire que j'ai mal au ventre : « Kroi jep tong », pour qu'on me laisse tranquille. C'est la seule excuse valable pour les Lao, hormis le fait d'être enceinte.

Maéva est déjà pompette.

En fin d'après-midi, le lieu ressemble à une grande poubelle.

« Crade » est le mot. Je ne comprends pas cette façon de salir qu'ont les Lao. Un sac-poubelle à chaque coin de table pour un gain d'hygiène et de temps suffirait. Je me mets à la tâche ; gros ménage avec les autres femmes. Les hommes, eux, s'occupent de démonter les chapiteaux, débarrassent les dizaines de cagettes de bières qu'il reste à boire. Nouvelle beuverie en perspective.

Khom quitte aujourd'hui sa maison familiale pour aller habiter dans celle de son mari comme le veut la coutume. Nous formons un cortège derrière le scooter nuptial. Khom est ensevelie sous des sacs.

Nous marchons jusqu'à la maison du marié, jouant de la musique, chantant et dansant.

De la bière… encore. Une vieille femme me tend du tabac à chiquer. « Bo, copchai. » Non merci. Je ne veux pas avoir les dents noires, moi non plus !

Khom ne peut retenir ses larmes. Sa mère essaie de contenir au mieux ses émotions mais je perçois dans son regard le chagrin de voir partir sa fille. Maéva et moi la serrons fort dans nos bras. J'ai le cœur noué. Dire que je ne la reverrai plus au *Mojo*. Se marier pour perdre sa liberté, très peu pour moi.

Je ne savais pas que ce mariage prendrait quelques heures plus tard tout son sens et qu'il serait une fête d'adieux.

12 mars 2020

Nong Khiaw

De retour à N.K., je retrouve Amandine et Anne-Lise sur le balcon de l'office. J'ai pris quelques saucisses et un peu de sticky rice pour Tummy. Elle n'en veut pas. Elle a déjà le ventre plein à force de se faire inviter de tous les côtés. Une chose est sûre, elle n'a pas été malheureuse durant mon absence !

J'ai encore quelques grammes dans le sang. Une fête plus une fête… hier, j'ai fêté mes 22 ans à Luang Prabang. Ken, un ami lao étudiant le français, a transformé une cagette de bières lao en gâteau d'anniversaire. Sur chaque bouteille, il a délicatement posé une bougie. J'ai aussi eu le droit à un tee-shirt de foot dédié : ມາລີ. Je ne pouvais espérer meilleur cadeau de la part d'un Laotien.

Autre cadeau, lors de mon séjour, j'ai été invitée par la direction de *Big Brother Mouse* désormais intéressée par NK SEEDS, alors qu'à mon arrivée au Laos un de ses membres m'avait éconduite.

Petite anecdote : Ken a vexé une de nos volontaires en lui disant qu'elle était « grosse ». Les Laotiens ont une manière très factuelle de dire les choses, de même que « tu es grande » ou « tu es mince », ce qui déplaît fortement aux Occidentaux.

C'était hier.

Devant moi, Anne-Lise et Amandine font une tête de six pieds de long. Je les charrie :

— C'est quoi, ces têtes de déprimées ?

Pas de réponse. J'insiste.

Elles restent silencieuses, les yeux rivés au sol.

Je m'énerve.

Elles finissent par me dire qu'une pandémie appelée « coronavirus » entraîne la fermeture de toutes les frontières.

18 mars 2020

Leur décision est prise de rentrer en France.

En quelques jours, les frontières du Laos et des pays voisins ferment. Les volontaires anglais doivent quitter les Philippines sous 48 heures, ordre du gouvernement philippin. L'ambassade de France au Laos nous conseille vivement de rentrer le plus vite possible. J'ai appris plus tard que beaucoup de volontaires sont restés bloqués en Asie. Nous avons aussi reçu l'ordre de fermer l'école jusqu'à début mai.

C'est difficile de savoir ce qui se passe réellement. Nos proches ne donnent pas d'informations engageantes.

Lorsque je prends le bus pour N.K. après le mariage de Khom, Maéva, elle, prend un avion pour la France où elle se rend en vacances. Loin d'imaginer que le monde entier est sens dessus dessous. Elle m'a téléphoné dès son arrivée sur le sol français et a réellement compris ce qui se passait quand elle est sortie de l'aéroport.

Je voyais tout ce que nous avions construit s'effondrer et ne pouvais me résoudre à un retour en France imminent. Inconcevable. Je lutterais jusqu'au bout, s'il le fallait, je résisterais, alors qu'en réalité je ne contrôlais rien.

J'ai attendu jusqu'au dernier moment. Anne-Lise et Amandine me rassuraient, le temps que les choses se tassent et tout rentrerait dans l'ordre. Que ce n'était pas la fin de NK SEEDS. Que nous reviendrions bientôt. Je savais au fond de moi que c'était une fin. Je savais que je partais pour longtemps.

La quasi-totalité des vols était annulée. J'aurais presque souhaité rester bloquée au Laos. Après tout, j'aurais pu rester, prendre mes responsabilités, pourtant je ne l'ai pas fait. Sans doute avais-je encore besoin de la sécurité de mon pays natal et du confort de ma famille.

Une partie de mon cœur s'est déchirée, lorsque j'ai annoncé à Tummy, Tee et Noa que je rentrais. Nos larmes se sont mêlées. Nous nous sommes enlacés et avons juré – croix de bois, croix de fer – de nous retrouver. Le sentiment de les abandonner ne me quittait pourtant pas.

Lors de notre dernière soirée au Pier, j'ai réalisé combien ce que j'avais et vivais était merveilleux, que je ne voulais pas le perdre. Si j'avais su. J'aurais chéri chaque instant, profité plus.

Je retiendrai de toute mon aventure que tout peut basculer en peu de temps. Étais-je capable de me dire que tout ce que j'avais vécu était pris, de le fixer pour ne pas me précipiter dans ce qui aurait pu ?

Étais-je capable de me dire que demain serait un autre jour, ailleurs, autrement ? Étais-je capable d'admettre que Tee et Tummy, s'éloignant déjà, vivraient sans moi ?

IX
Le détachement

« Vivre pour soi, vivre pour l'autre. »

France, mars 2020-mars 2021 en accéléré

À mon retour en France, j'en voulais à la terre entière. Je voyais les mois passer et mes chances de retourner au Laos s'éloigner. C'était presque insupportable. J'étais triste, j'étais en colère ou inversement, je me morfondais dans la solitude, presque par goût, j'avais ainsi l'impression de garder le Laos en moi. Le coronavirus en tant que virus entraînant la maladie m'importait peu, je ne voyais en lui que la cause de mon assignation à résidence. Ma vie à Nong Khiaw me manquait. Tummy, NK SEEDS, le Khao Soi de Pin, les soirées au Pier, tout me manquait.

J'avais beau lutter, je n'avais d'autre choix que d'accepter la vie en France.

Le décès de Tummy m'a aidée à remonter la pente, aussi paradoxal que cela puisse paraître, il m'était impossible d'envisager un retour au Laos, elle disparue. Pas de Maly sans Tummy. Elle avait été mon soutien et ma joie.

En plus, je n'avais plus de maison. Les propriétaires l'avaient vendue parce qu'ils avaient des soucis financiers. J'avais la désagréable sensation que j'étais poussée hors de Nong Khiaw.

Au Laos, je me sentais utile et importante. J'avais l'impression que le monde entier tournait autour de nous, de NK SEEDS. La pandémie m'a ramenée à une autre réalité.

Durant cette année en France, j'ai été forcée de prendre du recul, de me recentrer. Comprendre que mon retour en France venait en continuité de mon aventure au Laos, que Maly et Mélissa devraient s'unir pour ne faire qu'une était un sacré challenge. J'avais voyagé, j'avais découvert la culture laotienne, les Laotiens, je m'étais découverte à l'étranger, désormais, à moi de m'affirmer.

Que le projet ait tenu est le plus beau cadeau que j'ai reçu depuis mon retour. Tout ce que nous avons construit durant deux ans dure. Mon « contrat » est donc terminé, il est temps que je m'envole. En écrivant mon voyage, je clos une étape de ma vie et je me rassemble.

La vie à N.K.

Le pays tout entier a été confiné à partir de mars 2020. Les Laotiens étaient encouragés à rester chez eux et avaient l'interdiction de se déplacer dans les villages voisins. Des policiers veillaient à ce que les instructions soient respectées. Les frontières fermées (à part pour les travailleurs chinois), le virus ne s'est pas propagé. Quand nous avons quitté le Laos, il y avait seulement une dizaine de cas détectés. La discipline a permis aux Laotiens de reprendre une vie normale très rapidement. Tee et Noa ont pu assurer les cours jusqu'à la fin de l'année scolaire, avec l'aide de quelques volontaires coincés en Asie.

En septembre 2020, Tee et Noa ont fait la rentrée des classes et ont assuré les cours seuls. Ils vivent dorénavant dans les logements volontaires. Nous avons échangé toutes les semaines à propos de l'école. J'ai reçu le récapitulatif de leurs dépenses chaque fin de mois parce que j'ai continué à gérer la trésorerie de l'association : les salaires et les loyers (environ 1 500 euros/trimestre).

En janvier 2021, Tee et Noa ont envoyé au village de Phou Luang Thaï un colis de fournitures et de vêtements offerts par notre sponsor Maped, situé dans le nord du Laos.

Je suis surprise que le lien soit plus difficile à entretenir avec les « filles » de l'association (Maéva, Amandine et Anne-Lise). Au début du confinement, nous pensions toutes nous retrouver très vite au Laos, nous nous rencontrions toutes les semaines en visioconférence.

Au fil du temps, chacune d'entre nous s'est tournée vers de nouvelles occupations qui, malgré nous, nous ont éloignées de NK SEEDS et ont effiloché notre relation privilégiée.

Vath, Pin, le couple de Couleur Café, la famille du Mojo, Mè...

Côté Laos, Nong Khiaw s'est transformée en ville fantôme. Le tourisme faisant vivre les restaurants et les guesthouses du village est devenu inexistant.

Vath séjourne dans sa ville natale, à Vientiane, auprès de sa famille, à la recherche d'un emploi. Il attend que le tourisme reprenne pour revenir à N.K. et rouvrir son agence de trekking et son bar flottant.

Pin et ses sœurs tiennent le coup. Elles ont continué à cuisiner, à faire du pain et des pâtisseries pour les locaux. J'ai appris récemment que Pin était la nouvelle locataire de CT restaurant (le restaurant de Chu Thao).

Le couple de *Couleur Café* est parti rejoindre sa famille dans le nord du Laos au début de mars 2020. Il est de retour à N.K. depuis le début de l'année et lui aussi attend l'arrivée des touristes avec impatience.

La famille du *Mojo* a perdu sa guesthouse. John exerce différents petits boulots pour subvenir aux besoins de la famille. Pew s'occupe de Pani et de son nouveau-né, Amélie.

Mè aussi a accouché d'une petite fille. Son mari travaille dans la police et a été muté dans un autre village. Mè a fermé son restaurant à côté des bungalows pour s'occuper de ses trois enfants.

Les projets en « pause »

Planète 06

Planète 06 est une organisation à but non lucratif qui fournit une aide médicale, éducative ou alimentaire aux populations en voie de développement ou transmet des dons à des organisations ayant un objectif similaire au sien.

En mai 2019, j'ai eu l'opportunité de rencontrer les membres fondateurs de cette association.

Après nous avoir aidés financièrement, l'association a créé avec nous un véritable partenariat. Nous tentons d'unir nos forces pour apporter un soutien médical à l'hôpital de N.K. et aux habitants du village. Avant notre départ, nous avons reçu un premier colis de matériel médical que nous avons réceptionné à Luang Prabang et livré à l'hôpital de Nong Khiaw.

En octobre 2020, les membres de Planète 06, une équipe d'infirmières et de dentistes, prévoyaient de se rendre à Nong Khiaw. Cela ne s'est pas fait à cause du Covid.

L'objectif de Planète 06 était de donner des soins gratuits aux habitants du village, de fournir l'hôpital en matériel médical et de sensibiliser enfants et adultes à l'hygiène dentaire, aux premiers secours, aux maladies.

L'objectif de NK SEEDS était de servir d'intermédiaire entre l'organisation Planète 06 et le personnel médical de l'hôpital de Nong Khiaw.

Discovery Pack (journée en immersion à NK SEEDS)

Nous avons été sollicités par beaucoup de voyageurs souhaitant découvrir NK English School le temps de leur passage à Nong Khiaw. Pour répondre à la demande, nous avions eu l'idée de proposer une journée (payante) en immersion dans nos locaux. Le but était de faire découvrir le projet dans sa globalité : l'école, les enfants, le pôle écologique avec son activité recyclage du papier et la découverte des spécialités culinaires laotiennes en échange d'une contribution de la part de nos visiteurs. Cela ne s'est pas fait à cause du Covid.

NK Environment

La construction d'infrastructures écoresponsables (panneaux solaires, récupérateur d'eau, permaculture, abris pour recycler les déchets plastiques), la mise en place de poubelles dans N.K., la construction de machines de recyclage du plastique ne se sont pas faites.

Parrainage d'enfants

Par le biais de NK English School for ALL, nous souhaitions rendre accessible l'enseignement aux familles en difficulté et permettre aux élèves de poursuivre leurs études à l'université grâce à un parrain ou une marraine qui aurait pris en charge financièrement les études d'un enfant. Cela ne s'est pas fait.

Actions en France

Cagnotte familles

C'était difficile de voir nos amis laotiens dans l'impossibilité de subvenir au besoin de base : se nourrir. Plus de tourisme, pas d'aide de l'État, peu de solidarité locale, chacun étant confronté à ses propres problèmes, les habitants de N.K. avaient besoin d'aide. Par le biais de NK SEEDS, nous avons créé une cagnotte en ligne et récolté plus de 1 300 euros. Les fonds ont été répartis entre la famille de Mè, la famille du Mojo et d'autres familles du sud du Laos qui est la région natale de Noa.

Campagne pour financer NK English School 2021

Nous avons créé une autre cagnotte début décembre afin de financer les frais de scolarité, indemniser nos professeurs laotiens et régler les frais liés aux infrastructures : loyer, travaux, maintenance du site.

En échange d'un don minimum, nous offrons à chaque donateur un cadeau souvenir du Laos (« goodies » NK SEEDS ou produits issus du marché de nuit de L.P.B.).

Soirée au Pad'o

Élodie et moi avons organisé à l'été 2020 une soirée en plein air avec un musicien et la troupe de tambours de Franck (le père d'Élodie), *le Komandobidon*. Nous avons démarché une nouvelle fois les supermarchés de la région pour obtenir les produits nécessaires à la confection de spécialités laotiennes comme le Khao Soi de Pin, les rouleaux de printemps, les coconut pancakes et les fruit shakes.

Nous avons pu compter sur le soutien des Franco-Laotiens et des membres du Rotaract pour la préparation et l'organisation de l'événement qui a fait découvrir le Laos et NK SEEDS à plus de 150 personnes, nous avons fait plus de 1 500 euros de bénéfice.

Tout cet engouement, cet intérêt commun, cette générosité m'ont redonné du souffle. J'avais l'impression de revivre ce que nous vivions à Nong Khiaw. C'est si bon de retrouver cette sensation et la certitude que ce que je fais est juste, pour les Laotiens et pour moi.

Le Khao Soi a tellement fait fureur qu'en septembre 2020 nous avons fait une vente à emporter. Merci à Pin de m'avoir transmis sa recette secrète.

École Bilingue des Petits Kids

J'ai rencontré la direction de l'école qui a souhaité maintenir et même accentuer notre partenariat. J'ai fait la connaissance des enfants lors d'une présentation organisée avec la petite Tya. Tous ont été surpris par les conditions de vie des enfants au Laos. J'ai eu droit à des questions comme celles-ci : « Il n'y a pas d'adultes qui leur font à manger ou qui les surveillent ? » à propos des enfants vivant seuls à l'internat de N.K. ou bien « Ils n'ont pas la télé ? », « Pourquoi ils dorment par terre ? ».

Nous avons démarré une correspondance entre nos deux écoles et espérons qu'un jour les mots s'échangeront de vive voix.

L'*École des Petits Kids* a fait une généreuse « donation drive » et nous avons récolté vêtements, chaussures et fournitures scolaires. L'objectif maintenant est de trouver un conteneur destination Laos.

Oui Ensemble

En novembre 2019, nous avons fait la rencontre de Chansy, une Franco-Laotienne, fondatrice de l'association Oui *Ensemble* et vice-présidente de l'association *À l'Unisson France Laos*. Rencontre qui a eu lieu dans des conditions atypiques : à la *Pistoche*[127] de Luang Prabang. Un des volontaires s'est fait accoster par une femme, qui comme lui avait un bandage à la jambe et boitait. Les chutes à scoo-ter rapprochent parfois les associations.

127 Piscine.

L'avenir de l'association

Nous nous sommes aperçus que depuis un an NK English School fonctionne très bien, grâce à l'implication des locaux.

Tee prévoit de rester encore quelques années avec NK SEEDS. Noa, quant à lui, a d'autres projets aux USA où vit une partie de sa famille.

Notre objectif est de mettre en place des activités génératrices de revenus au Laos pour que l'école soit durable et autonome, indépendante de l'actuelle tutelle française. L'idée serait d'acheter un terrain pour y mettre des plantations, un bar ou un restaurant qui soit viable, sans faire de tort aux locaux.

Nous envisageons la construction d'une nouvelle école dans un village voisin à partir d'une infrastructure à rénover. Grâce à la vente des tableaux d'Oz Artiste qui a peint des visages d'enfants, de N.K., nous financerons la future école.

Je ne veux pas me détacher totalement de NK SEEDS. Aucune d'entre nous ne le veut, toutes souhaiteraient partager leur temps entre l'Europe et le Laos. J'ai adoré et j'adore toujours l'énergie que nous mettons dans NK SEEDS, le partage, les rencontres. Ce que nous faisons a du sens pour moi, quand j'y pense, avec du recul, je suis émue.

Maéva a repris une activité stable auprès des enfants en France et projette de retourner à N.K. lors des vacances scolaires.

Amandine s'est reconvertie dans l'informatique mais n'a pas de certitude quant à son avenir professionnel et quant à l'avenir de NK Environment.

Anne-Lise a créé une autoentreprise en communication-marketing et s'est également fait une place dans la chanson sous le nom d'*Alie.* Elle a délégué son poste de « Community Manager » à Margaux, une ancienne volontaire venue à NK SEEDS en août 2019, fondatrice de l'association *Balance ton endo* (endométriose). Elle gère à ce jour la communication de plusieurs associations, y compris la nôtre.

Mon côté fleur bleue

Carnet rose

Alexis, volontaire à NK SEEDS

Lors d'une soirée caritative du samedi, Alexis a fait la connaissance de Salomé. Jeune voyageuse venue nous soutenir le temps d'une soirée. Les amoureux ont poursuivi leur idylle dans le cinquième bungalow qui sert de cabanon de jardin ou de « Love Room », ma foi. Aujourd'hui, Alexis et Salomé sont parents d'une petite fille et vivent en Suisse.

Éric et Clémentine, volontaires à NK SEEDS

Les deux globe-trotters à tuk-tuk ont décidé de passer le confinement à Nong Khiaw. Neuf mois plus tard, le couple est rentré en France, ramenant avec lui une petite Kinaly, souvenir du Laos.

Courtney, volontaire à NK SEEDS

Son expérience en tant que professeur à N.K. a été pour Courtney une évidence. Elle sera bientôt diplômée d'anglais et enseignera en Angleterre.

11 août 2021

Je sors nourrie et enrichie de mon expérience à Nong Khiaw. Je me suis découverte dans la réalisation du projet, j'ai été parfois malmenée, souvent confrontée à des situations nouvelles.

À mon retour en France, la solidarité dans laquelle je trempais tous les jours me manquait cruellement. Alors, je me suis rapidement impliquée dans diverses associations, dans des projets locaux ou à l'étranger, ce qui m'a valu une mission exploratoire au Liban.

J'ai à nouveau vibré, c'était physique. Cette sensation dans le corps, je ne la trouve qu'au contact de l'inconnu.

Jusqu'à aujourd'hui, j'étais persuadée que mon retour en France était synonyme de fin.

Qu'il était temps pour moi de tourner la page du Laos. Le « contrat » était rempli, je pouvais aller vers d'autres horizons. Le mot « contrat » était celui que j'utilisais auparavant.

Je suis allée trop vite en besogne. Non seulement le Laos vit toujours en moi mais il est mon terreau visant à ma croissance. Je veux le cultiver et l'embellir. En le faisant, c'est moi que je nourris. Tirer un trait sur le Laos serait comme tirer un trait sur une partie de moi, Maly, et tout ce qu'elle a appris.

En l'accueillant, je mets à profit tout ce qu'elle est et tout ce qu'elle sait.

Au fond, pourquoi devrais-je choisir ? Laos, France, Suisse… ?

Tout à la fois, je ne choisis pas donc je ne renonce pas, je ne choisis pas donc je ne trahis pas.

La question de mon avenir. Je me dirigerai peut-être vers la solidarité internationale pour y gérer des actions humanitaires parce que les formations que j'ai suivies à mon retour m'ont emballée, parce que l'autre est mon moteur. En parallèle et dans la même idée d'aider et de donner, je pourrais me tourner vers les soins énergétiques.

Aujourd'hui, je n'ai pas de certitude. J'ai une direction.

Travailler pour une grande ONG internationale. Être libre, aller à la rencontre de l'autre, me laisser guider vers des destinations inattendues, telle une nomade. Écrire (c'est dit) et en vivre. Dispenser des soins. Tout ensemble.

Une bouteille à la mer

La seule barrière qui nous empêche de réaliser nos rêves, c'est nous. J'ai appris que lorsque notre motivation est sincère, juste, que nous y croyons dur comme fer, tout arrive.

Croyez en vous, croyez en vos rêves, et osez !

ANNEXES

Fiche de poste (février – mars 2021)

Amandine

POSTE	DESCRIPTION
Site internet	Mise en page du site web
Partie juridique : Doc administratif	Faire les démarches administratives et juridiques en France
Mise en place du pôle écologique (NK Environment)	Toute décision et activité liée à NK Environment (cours de sensibilisation, gestion du site de tri et recyclage du plastique et du papier, gestion du jardin potager et du compost
Démarches partenaires	Contact entreprises/écoles/universités/particuliers pouvant apporter une aide matérielle, financière ou des compétences diverses
Création supports et documents de l'association	Rédaction d'une partie des documents liés à l'asso (ex. : fiches de synthèse, guide pour les volontaires. Tout doc en lien avec l'asso)

Maéva

POSTE	DESCRIPTION
Supervision et orientation des volontaires	Information et respect des règles, état des lieux : bungalows/chambres, planification des arrivées/départs, répartition des missions, attention au bien-être des volontaires
Trésorerie	Allocation des dépenses nécessaires à la vie quotidienne (factures eau, électricité, matériel...)
Recyclage papier	Gestion de l'activité
Pôle enseignement (NK English School)	Gestion du suivi des cours, coordination entre professeurs et volontaires, élaboration des programmes scolaires, supervision des activités extrascolaires (hors écologie)
Soirées caritatives	Organisation de l'événement
Partenariat avec locaux	Promotion de l'asso et mise en dépôt-vente d'objets

Maly

POSTE	DESCRIPTION
Site internet	Rédaction du contenu du site internet en anglais
Trésorerie	Allocation des dépenses nécessaires à la vie quotidienne (factures eau, électricité, matériel...), gestion des revenus de l'association, des contrats de location des locaux (office, bungalows...)
Gestion des volontaires	Prise de contact en amont avec les volontaires via les réseaux sociaux, site internet ou Workaway, prise en charge des volontaires et présentation de l'association et de son fonctionnement, formalités d'inscription
Communication	Création et envoi d'une « monthly newsletter »
Contact avec les locaux	Échanges avec les autorités laotiennes (police, immigration office)
Pôle enseignement (NK English School for ALL)	Donation de fournitures scolaires aux écoles voisines
Démarches partenaires	Contact entreprises/écoles/universités/particuliers pouvant apporter une aide matérielle, financière ou des compétences diverses cf. Amandine

Anne-Lise

POSTE	DESCRIPTION
Réseaux sociaux	Publications quotidiennes sur Facebook et Instagram
Photos/vidéos	Alimentation en photos et vidéos sur le site
Interview volontaires	Réalisation d'une interview d'un(e) volontaire par mois
Démarches partenaires	Contact entreprises/écoles/universités/particuliers pouvant apporter une aide matérielle, financière ou des compétences diverses cf. Amandine et Mélissa
Création supports et documents de l'association	Création de visuels pour les affiches d'information et de communication

Plans de l'école et de l'internat (décembre 2020)

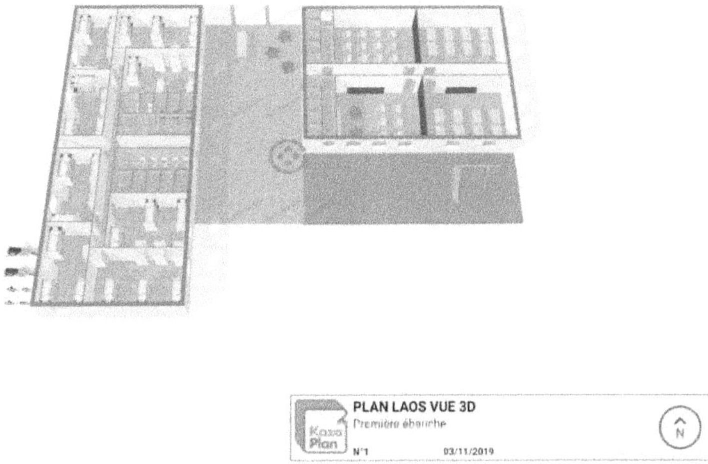

Lettres d'élèves de NK English School

View!

River-

bye bye... !!

I love you france

Thank you very much!

Monday 28th october 2019

Hello france! ☺

My name is Kony I am 19 years old

my family is Phanthavong. I live in ...

I have one brother younger and I have twin

my twin He name Lien. I live in Laos now

in live in Nong Khiaw I move for studying

here. my favorite Sport is football and my

favorite team is Barcelona. my hobbies I like

likes Read book and listen to music. my

best song is Kong Sa yarong is Laos song.

the best view in the Nong Khiaw village is Pading

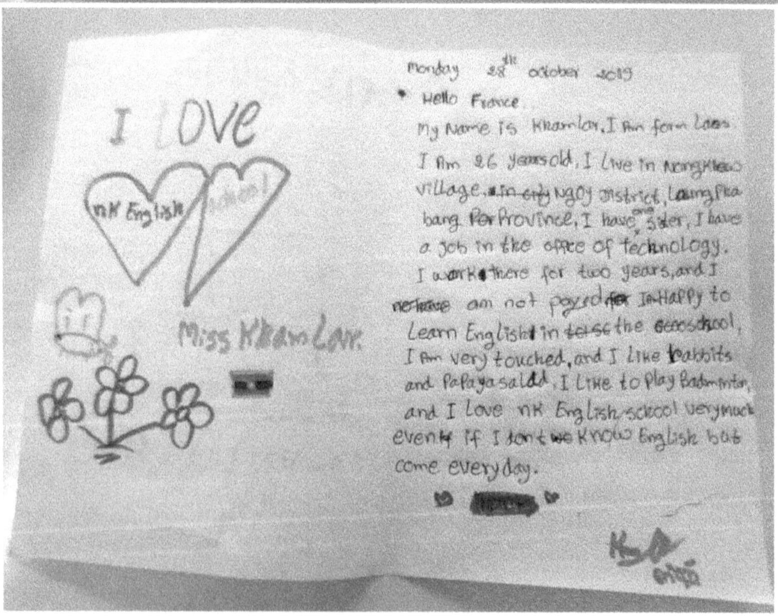

I Love

NK English School

Miss Khamlar.

[redacted]

Monday 28th october 2019

Hello France

My Name is Khamlar. I Am form Laos

I Am 26 yearsold, I Live in NongKhiaw

village, ~~in city~~ Ngoy district, Luang Pra

bang ~~Por~~ Province, I have one sister, I have

a job in the office of technology.

I work there for two years, and I

~~not have~~ am not payed ~~for~~ I'm Happy to

Learn English in ~~this~~ the school,

I Am very touched, and I Like Rabbits

and Papaya saldd. I Like to Play Badminton,

and I Love NK English school verymuch

even if I don't ~~we~~ Know English but

come everyday.

[redacted]

HELLO
My name Is Alex
ILOVE FREE FIRE
I'm LAOS
like
I, SALAD PaPa ta & orange
I was born in march 2009
I am a studentnk Snglish school
ILive Nong khiaw village
I'm 11 years olD
GOOD BYE

Témoignages

Maéva

Au Laos, j'ai trouvé un environnement avec lequel je suis en adéquation : les Laotiens respectent les autres et leurs différences (même si le handicap et la mendicité leur font peur). On ne court pas, sauf si danger imminent. On nous invite à manger et à boire. Prendre le temps. J'ai appris que cela ne servait à rien d'essayer d'anticiper, qu'il valait peut-être mieux rester ouverte à l'instant.

Ce que je vivais m'était tout à fait personnel, j'aurais beau expliquer autant de fois et avec autant de mots que possible, l'expérience, telle que je l'ai vécue, resterait inaccessible à mes proches.

Je me sentais parfois comme augmentée par le champ des possibles qui s'ouvrait à nous et parfois rétrécie par le fonctionnement des institutions, les paperasses, les conventions culturelles différentes.

J'avais réellement besoin d'aller à la rencontre de nouvelles cultures, de nouveaux modes de vie. Je pense que je n'étais pas suffisamment « armée » émotionnellement parlant pour faire face à tous les bouleversements que j'allais vivre.

On sait tous plus au moins qu'un ailleurs existe mais s'y confronter, le vivre intensément, en immersion quasi totale... je n'imagine pas ma vie sans cette expérience. J'ai tellement appris de moi, des autres, j'ai accepté, j'ai lâché, j'ai pris le temps, je me suis emparée de l'instant (car c'est probablement le seul qui soit, finalement).

Un mot : *namkan (ensemble)*

Parce que tout seul on n'avance pas ou pas aussi vite ou pas aussi bien ou pas dans la bonne direction. Parce que dix cerveaux et dix paires de bras vaillants valent certainement mieux qu'un seul !

Amandine

La fusion de Fastknuddeln et de Seedhub, l'envie de réaliser de grandes choses nous mettaient des étoiles dans les yeux, les idées fusaient et rien ne nous semblait impossible. C'était magique. Je me sentais utile, il n'y a rien de mieux que de travailler pour le bien commun, pour aider les autres. Il y avait une fantastique énergie de groupe ; nous allions dans le même sens, accompagnés par les volontaires qui partageaient nos valeurs. Nous étions une équipe dans laquelle chacun a apporté un peu de soi.

Rien ne m'a vraiment manqué lorsque j'étais au Laos, peut-être de temps en temps l'eau chaude et encore, ce n'était pas essentiel, l'Homme a cette merveilleuse capacité d'adaptation qui fait que j'ai très vite oublié mes habitudes confortables pour les troquer contre des plaisirs plus simples, peut-être plus intenses.

Mon seul regret est la pandémie... nous étions sur une belle lancée, l'association commençait petit à petit à faire son réseau, nous avions de plus en plus de partenariats, de perspectives d'évolution, après de longs mois de maturation, nous étions enfin prêts à décoller et à nous déployer.

Mon expérience avec NK SEEDS m'a appris à faire de mes rêves des réalités. Les seules barrières qui existent sont celles qui sont dans nos têtes.

Un mot : *Bopenyang*

Parce qu'il représente l'esprit du Laos, le lâcher-prise, le rien n'est grave, le tout va bien, tant que tu manges et que tu as la santé, tu es heureux. C'est magnifique je trouve, cet état d'esprit, cette philosophie de la vie, détachée de toute contrainte matérielle, peut-être est-ce le bonheur...

Élodie

En partant en Asie, j'ai vraiment cherché à sortir du confort, je voulais découvrir une nouvelle culture et voir comment ça se passait ailleurs. Grâce à ça, j'ai pu m'adapter assez facilement même si ça n'a pas été simple tous les jours. Mais quand on veut, on peut. Alors l'adaptation s'est faite naturellement.

Si je devais décrire mon expérience en quelques mots, je dirais qu'elle était hors du commun, j'ai vécu des choses que je n'oublierai sûrement jamais. Ce voyage m'a changée et fait grandir. Lorsqu'on se retrouve seul et dans un autre pays loin de ses repères, il y a une remise en question constante.

Grâce à ce voyage, j'ai vraiment compris que la vie ne tenait à rien, qu'il fallait profiter de chaque moment et que nous avions beaucoup de chance. Les Laotiens ont moins que nous mais ils sont tellement plus heureux. C'est une vraie leçon de vie que j'ai reçue durant six semaines. Pour cela, je ne remercierai jamais assez Mélissa de m'avoir intégrée dans NK SEEDS et permis de vivre une expérience majeure et de m'avoir aussi ouvert les portes de sa maison. Je suis admirative de ce qu'elle a entrepris.

Une petite anecdote : Je ne suis pas une fan des véhicules à deux roues, je vous laisse imaginer ma tête quand Mélissa m'a fait grimper derrière elle et Tummy sur son scooter avec ma valise et mon sac de 20 kilos sur le dos... je me suis vite habituée et finalement j'ai fini par adorer ces moments, le visage face au vent à regarder le coucher du soleil est un magnifique souvenir.

Un mot : *Pas de souci*

C'est vraiment ce qui caractérise le pays et les locaux. Rien n'est grave. Lorsqu'il y a un problème, il y a une solution. S'il n'y a pas de solution, c'est qu'il n'y a pas de problème.

Noa

Mon expérience à NK SEEDS m'a appris et apporté beaucoup, le travail avec des étrangers, le métier de professeur, la collaboration avec les étudiants, en particulier les enfants. J'ai surtout appris que je peux toujours m'améliorer et améliorer mes compétences.

Ce que je retiendrai de cette expérience, c'est qu'en plus de travailler en tant que professeur rémunéré, j'ai pu exercer aux côtés de Maly, qui est une « boss » gentille et avec qui il est agréable d'entreprendre, au-delà de nos différences, nous sommes des amis. Je retiens aussi tous les bénévoles avec qui j'ai partagé l'expérience laotienne.

Enfin, je n'oublierai jamais les barbecues le samedi soir et la fois où nous avons fait la vidéo sur *Young Dumb and Broke* avec les élèves.

Tee

Je ne sais pas comment expliquer mon expérience, je peux dire que j'y ai trouvé ma place et que je me suis trouvé moi-même. J'ai découvert que j'avais en moi tellement de compétences utiles, importantes pour la vie de tous les jours : cuisiner, réparer, construire. J'ai vraiment aimé partager nos recettes de cuisine, même les horribles omelettes aux oignons.

C'est un immense cadeau d'avoir rencontré des personnes étonnantes comme Mélissa et d'autres rêveurs du monde entier qui ont donné leur énergie et leur temps pour Nong Khiaw. Tout ce que j'ai vécu a changé ma personnalité et ma vie. N.K. m'a apporté le vrai bonheur, difficile à trouver dans ce monde moderne.

Nous avons appris, grandi et changé le monde ensemble. Chaque souvenir, chaque moment resteront à jamais gravés dans mon cœur et dans mon esprit.

Remerciements

Avant toute chose, je tiens à remercier Catherine Berthier qui m'a corrigée et guidée pendant l'écriture de ce récit, avec bienveillance et rigueur.

Ma grand-mère, ma première lectrice depuis toujours. Mes proches qui m'ont soutenue.

Merci à Emma, ma sœur, qui a réalisé cette magnifique représentation du pont de Nong Khiaw.

Merci à Stella Pellet, ma graphiste, qui a créé l'ensemble des dessins à partir de mes propres photos.

Je remercie aussi Oz Artiste, qui met ses talents de peintre au service de NK SEEDS.

J'exprime ma gratitude aux volontaires, aux donateurs et aux partenaires qui ont contribué et contribuent encore à ce que NK SEEDS soit une réalité.

Merci aux habitants de N.K. qui m'ont fait confiance et m'ont ouvert leur vie.

Un immense merci aux filles de NK SEEDS, à Tee, Noa, Vath, Pin qui marchent à mes côtés.

À Tummy, d'avoir été ma compagne de route pendant un an et demi.

Un merci spécial à Yvonne Huang, de Singapour.

Le plus grand des mercis à vous qui tenez ce livre entre vos mains.

Table des matières

I Les prémices..7
II L'alliance...13
III Les balbutiements..37
IV La consolidation...63
V L'ouverture..95
VI Le foyer..101
VII L'affirmation..113
VIII L'aboutissement..147
IX Le détachement...175
11 août 2021...184
Une bouteille à la mer..187
ANNEXES...189
Fiche de poste (février – mars 2021)..................................189
Plans de l'école et de l'internat (décembre 2020)................193
Lettres d'élèves de NK English School................................194
Témoignages..196
Remerciements...203
Identité de l'association...205

Identité de l'association

Nom : NK SEEDS
Objet : Promouvoir des actions à caractère humanitaire dans le monde
Statut : Association loi de 1901
Siège : 74300 Cluses
Date de déclaration : le 14/11/2018
Numéro RNA : W742007165

Domaines d'activités :
associations caritatives intervenant au plan international
associations caritatives, humanitaires, aide au développement, développement du bénévolat

Adresse courriel : contact@nkseeds.org
Site internet : www.nkseeds.org
Facebook : NK SEEDS
Instagram : nkseeds

Pour découvrir son profil, son actualité, ses publications,
pour déposer un avis ou pour lui envoyer un message, retrouvez
Mélissa Lansmant sur Atramenta.net

La boîte à images laotienne

Lightning Source France
1 Av. Johannes Gutenberg
78310 Maurepas, France
FRHW012319020225
42274FR00002B/7

9 789523 900110